# WE LIKE BALI

# COLOFON

**Tekst en fotografie:** Priscilla Rosmolen & Evelien Andes-Riupassa
www.welikebali.com
**Ontwerp omslag en binnenwerk:** Diewertje van Wering
www.diewertje.com



Eerste druk 2019

ISBN 978 90 00 36866 2
ISBN 978 90 00 36775 7 (e-book)
NUR 450, 517

www.unieboekspectrum.nl
www.welikebali.com
Spectrum Lifestyle Boeken
spectrumlifestyleboeken
welikebali

Spectrum maakt deel uit van uitgeverij Unieboek | Het Spectrum bv, Postbus 23202, 1100 DS Amsterdam

Alles is in het werk gesteld om ervoor te zorgen dat de informatie in dit boek bij het ter perse gaan zoveel mogelijk is bijgewerkt. Gegevens zoals telefoonnummers, openingstijden, prijzen en aanbod zijn echter aan veranderingen onderhevig. De uitgever is niet aansprakelijk voor consequenties die voortvloeien uit het gebruik van dit boek.

De reisgids voor het ultieme eilandleven

# WE LIKE BALI

Priscilla Rosmolen & Evelien Andes-Riupassa

HET SPECTRUM

# INHOUD



## VOORDAT JE VERTREKT



## LET'S GO!



## NOG MEER TIPS

Camaya

# VERLIEFD OP BALI

Fantaseer jij al jaren over een droomvakantie naar Bali en is het eindelijk zover? Of heb je ons favoriete eiland allang ontdekt en ga je nog een keer? (Het tropische eilandleven is nou eenmaal verslavend!) In deze insider guide nemen we je mee naar al onze lievelingsplekken – van stranden en surfspots tot eettentjes, yogastudio's en slaapadressen – die we in tien jaar leven en werken op Bali hebben ontdekt. Ook delen we de leukste reisroutes, een bucketlist met ervaringen die je niet wilt missen, een heleboel handige tips én spreken we met bekende en bevriende Bali-liefhebbers over hun avonturen en favoriete plekken.



Ons tienjarig jubileum als Welikebali is het perfecte moment voor deze complete reisgids, een ode aan ons favoriete eiland. Misschien ben je ons wel eens tegengekomen op Instagram (@welikebali) of belandde je bij het zoeken naar Bali-tips op onze website. Dan weet je al waar onze liefde voor het eiland begon…

In september 2008 kwamen we op een idee. Het was een regenachtige dag, we zaten nog om acht uur 's avonds op kantoor, zoals we vaak deden, en keken elkaar aan. Is dit waar we op dit moment gelukkig van worden? Je raadt het antwoord al: nee. Ongelukkig waren we zeker niet, want als begintwintiger hadden we een toffe baan in de creatieve industrie, deden geweldige projecten, gingen in het weekend gezellig stappen in Amsterdam met vriendinnen en op zondag lekker soto eten bij oma met de familie. Maar er kriebelde iets, je zou het kunnen omschrijven als *wanderlust*. Een gevoel dat we de routine van studeren, werken en carrière maken wilden doorbreken …

Het fantaseren over een reis werd al snel een concreet plan: 'We gaan een jaar naar Bali.' De plek werd niet zomaar bedacht. Beiden met Indonesische roots (Priscilla's moeder is van Javaanse afkomst en Eveliens vader van Molukse afkomst) – én een oom die er al lange tijd woonde en waar we terecht konden als logees, leek het voor ons de plek bij uitstek om meer van onze roots te ontdekken. Want wuivende palmbomen, de geur van verse kokosnoten, elke dag de warmte van de zon voelen… het leven in de tropen zat immers in onze genen, dus dat trok ons enorm. Binnen enkele weken namen we ontslag, hadden we tickets gekocht (dat ging toen nog niet eens online, we gingen langs bij het reisbureau om ze te laten boeken), onze huur opgezegd en even later zwaaiden onze lieve vrienden en familie ons uit en zaten we samen in het vliegtuig voor het avontuur van ons leven. Nog niet wetende dat het niet zomaar 'even' één jaar Bali zou worden, maar dat we zo verliefd zouden worden op het tropische eiland, het allerlekkerste eten, elke dag surfen en bovenal: de allerliefste mensen – en het eiland ons nieuwe thuis zou worden.

Op Bali merkten we: dit is niet alleen een prachtig eiland met rijke cultuur, maar zó, inspirerend, levendig en tegelijk ontspannen! Er hing een creatieve vibe en er popten dagelijks hippe conceptstores en koffietentjes op. Leuke websites of reisboeken die hierover schreven waren er nog niet. Instagram? Bestond nog niet. Dus al snel ontstond het idee om een blog te starten. De naam? *We like*. Want heel simpel: we gingen alles vastleggen wat *wij leuk* vinden op Bali. Het onschuldige begin van een heus bedrijf en de leukste baan ter wereld. We investeerden in een goede camera (want nee, onze Blackberry's maakten zeker niet zulke mooie foto's als een iPhone tegenwoordig maakt) en onze MacBooks klapten we open in de achtertuin van oom Roger, ons eerste 'kantoor'.

Inmiddels zijn we tien jaar verder. Staat Bali wereldwijd in de top drie populaire bestemmingen in de wereld, en is ons *Welike* – nu *Welikebali* -, uitgegroeid tot internationaal reisplatform, Instagram-kanaal met meer dan 126.000 mede-*Bali lovers*, shop met eigen kleding, sieraden, accessoires, reisgidsen en alles voor je vakantie. We reizen buiten Bali de hele wereld over om *sunkissed* content te maken en als freelance creatieven fotoshoots te produceren voor mooie fashionmerken. Van Hawaii en Tahiti tot Ibiza en Biarritz. Nog elke dag knijpen we onszelf even dat dit ons leven is geworden. Allemaal met dank aan die sprong die we maakten in 2009.

Nu weer terug naar jou: als je dit boek in handen hebt, dan hoef je dus geen uren meer op Google, Tripadvisor of Instagram te speuren naar informatie. Je hebt namelijk vast al gemerkt dat je daarmee wordt overspoeld. En daar helpen we jou bij. We zorgen gegarandeerd dat je hiermee je ultieme tropische trip kunt samenstellen, afgestemd op jouw wensen en budget. Alle spots die je in dit boek vindt, hebben we persoonlijk bezocht en gefotografeerd. Geen *tourist-traps* dus. We hopen dat je ons boek vooral gebruikt ter inspiratie voor je reis. En daarbij ook te allen tijde je ogen openhoudt voor al het moois, al het spontane en al het onontdekte. Want ook jij gaat op ontdekkingsreis. Dus, boek je ticket en pak je koffer maar alvast in (yes, ook daar geven we je de beste tips voor)!

Veel plezier met jouw *We like Bali*-reisgids en enjoy Bali!

Pris & Eve

**Welikebali**

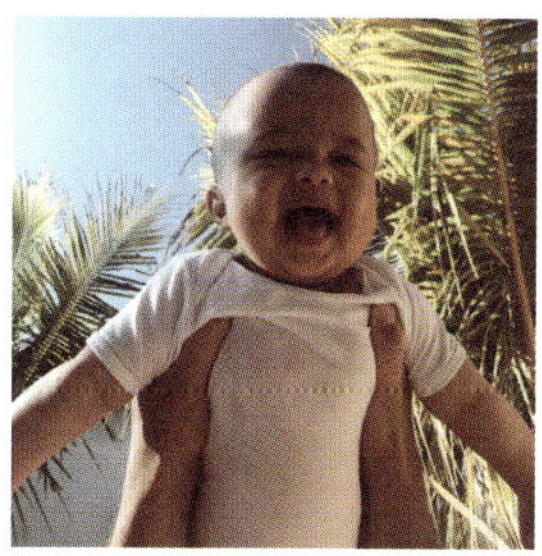

Volg ons op Instagram @welikebali voor de laatste eiland nieuwtjes, want er komen regelmatig must-go adresjes bij! En laat je ons je Bali-foto's zien? Deel jouw reiservaring en favoriete plekjes door ons te taggen @welikebali #welikebali.

Evelien

## OVER JULLIE TOURGUIDES PRIS & EVE

Voordat je alles gaat lezen over onze favoriete plekjes op Bali en je eigen droomvakantie gaat samenstellen, wil je ons vast eerst wel wat beter leren kennen. Daarom beantwoorden we acht veelgestelde vragen. Komt-ie!



### OVER EVE

**Is Eve je volledige naam?** Mijn volledige naam is Evelien Andes-Riupassa.

**Ben je op Bali geboren?** Ik ben geboren in Moordrecht, en opgegroeid in Gouda. Ik woonde in Rotterdam voordat ik met Pris naar Bali vertrok. Mijn vader is Moluks, mijn moeder is Nederlands.

**Woon je op Bali?** De laatste jaren verdeel ik mijn tijd tussen Bali en Amsterdam. In het voor- en najaar ben ik, samen met mijn man Stephen en onze zoon Manua een aantal maanden op Bali.

**Bijzonderste plek op Bali:** Karma Kandara. Hier ben ik ten huwelijk gevraagd door Stephen! In een waanzinnig mooie suite met infinity pool en uitzicht over de Indische Oceaan. We komen er elk jaar terug, nu met Manua!

**Van tien jaar Welikebali ben ik het meest trots op:** alle ongelooflijk fantastische plekken die Pris en ik samen hebben gezien. Sumba en Hawaii waren mijn favoriete trips ooit. En ik ben supertrots op onze vriendschap en om met mijn beste vriendin het leukste bedrijf ooit te runnen!

**Ultieme Bali-tip:** je wilt natuurlijk alle tips uit ons boek opvolgen, maar vergeet niet ook zelf je eigen ontdekkingen te doen. Sta open voor onverwachte wendingen en bijzondere ontmoetingen. En ga niet alleen ergens heen voor een mooie (Instagram-)foto. Geniet zoveel mogelijk van het moment!

**Wat doe je het liefste op Bali?** Op pad om unieke plekjes op het eiland vast te leggen, werken aan onze onze shop en natuurlijk uitgebreid eten met familie en vriendinnen. Elke dag voelt er als vakantie, ook al werken we keihard!

**Over mijn eerste keer Bali:** in 1996 gingen we met ons gezin naar de Molukken om familie te bezoeken. Onderweg daarheen maakten we een pitstop op Bali. Ik vond het als elfjarig meisje enorm indrukwekkend. Ik kreeg Bali-vlechtjes op het strand, we winkelden in Kuta, wandelden door rijstvelden en bezochten tempels. Canggu en Seminyak waren in die tijd nog gewone dorpjes zonder toeristen.

## OVER PRIS

Is Pris je volledige naam? Mijn volledige naam is Priscilla Rosmolen.

Ben je op Bali geboren? Ik ben geboren in Ede, en ben opgegroeid in Veenendaal. Ging studeren en op kamers in Amsterdam voordat ik naar Bali verhuisde met Eve. Mijn moeder komt uit Semarang, Java, Indonesië, mijn vader uit Nederland.

Woon je op Bali? Ik woon samen met mijn vriend Arnaud (Frans-Italiaans) en onze kat Tempé in Seminyak op Bali. In de zomermaanden ben ik in Nederland bij familie en in Biarritz, daar runt Arnaud Bali Bowls, health food cafés met hele lekkere koffie, acai bowls en vegan snacks.

Bijzonderste plek op Bali: de steile kust bij Uluwatu Surf Villas: daar sta je op de rand van de klif met het mooiste uitzicht over de Indische oceaan. Oneindige prachtige rotswanden en een kristalheldere blauwe zee. Een gevoel van nederigheid en dankbaarheid overspoelt me daar.

Van tien jaar Welikebali ben ik het meest trots op: onze vriendschap en alle waanzinnige plekken die we samen hebben gezien! Van Nusa Penida tot Oahu in Hawaii. Dit zijn herinneringen voor het leven en ik ben er dankbaar voor dat we dit samen met onze mannen hebben mogen meemaken.

Ultieme Bali-tip: vind een balans tussen ultimate chillen en je favoriete spots bezoeken. Er is zó veel leuks te doen op Bali dat je uitgeput kunt raken van het te veel willen doen en zien. Probeer je dag af te sluiten met een sunset walk of surf en gun jezelf die rust die je ook echt hebt verdiend!

Wat doe je het liefste op Bali? Iedere dag beginnen met een sunrise surf met Arnaud, daarna een Expat Roasters-koffietje drinken voordat we gaan werken. Geweldige trips maken om mooie content te creëren voor ons platform en inspiratie op te doen voor onze shop. O, en natuurlijk de hele dag lekker eten.

Over mijn eerste keer Bali: ik ging op mijn 16e in 2006 met mijn neef Stephen (nu Eve's man!), voor het eerst naar Bali om onze oom Roger op te zoeken, die inmiddels meer dan 30 jaar op Bali woont. Met lokale busjes maakten we trips naar toen nog lege parelwitte stranden en een klein hutje op het strand waar je water kon kopen. We gingen naar Nusa Lembongan met een vissersbootje, waarmee het meer dan twee uur duurde om te komen. Er was geen elektriciteit na acht uur 's avonds en alleen zout water om je mee te douchen, echt een avontuur!

Priscilla

De weg van Canggu naar Seseh

# BALI LIFE



Bali is de ideale vakantiebestemming voor een korte of lange rondreis. Of om juist gewoon even een tijdje op één plek te vertoeven. Je kunt er proeven van de rijke Balinese cultuur terwijl je geniet van al het moois wat het eiland te bieden heeft; van prachtige stranden tot leuke hotspots. Wellicht ben je geïnspireerd geraakt om naar Bali te reizen omdat je onze foto's op Instagram hebt gezien van paradijselijke stranden, kleurrijke smoothiebowls en surfsessies. Maar er valt natuurlijk veel meer te ontdekken op dit tropische eiland, dat inmiddels in de top drie van populairste bestemmingen ter wereld staat. En dat voor een relatief klein eilandje, midden in de Indische oceaan, en een van de 17.560 eilanden van de Indonesische archipel. Daarom nemen we je in dit hoofdstuk even mee in wat leuke weetjes over Bali.

Melasti-ceremonie

Ibu Tina verkoopt armbandjes op het strand

## DAGELIJKSE RITUELEN

Vanaf het moment dat je op Bali bent, zal de geur van wierook je tegemoetkomen. Je ziet de wierookstokjes in kleine offermandjes gemaakt van bananenblad vol kleurrijke bloemetjes, die op straat voor elke deur en ingang liggen. Dit offer genaamd *canang* (spreek uit als `tjanang') is onderdeel van het Balinese hindoeïsme en onderdeel van de dagelijkse rituelen en gebeden. Goed om te weten: het is belangrijk om uit respect niet op deze offertjes te stappen. Het hindoeïsme is overal duidelijk zichtbaar op het eiland en in het dagelijks leven. Er worden regelmatig religieuze ceremonies gehouden. Van het vieren van de volle maan tot het inzegenen van een nieuw huis en de eerste tandjes van de baby's. Er worden dan offers gebracht en rituelen uitgevoerd. En activiteiten zoals dansen, kunst en muziek staan allemaal in het teken van het gunstig stemmen van de goden.

## TEMPELS

Overal op Bali, dat ook wel *'Island of the Gods'* wordt genoemd, vind je tempels. Dit zijn de plekken waar gebeden wordt. Elk dorp heeft minimaal drie tempels en in elk huis staat een kleine familietempel. Als je een tempel bezoekt, zorg dan dat je uit respect goed bedekt bent. Dit zal bij de ingang worden aangegeven en er wordt je eventueel een sarong aangeboden om om te slaan. **Tip** om de hordes toeristen te vermijden: bezoek een tempel vroeg in de ochtend.

## BALINESE FEESTDAGEN

Tijdens de Balinese feestdagen is heel het eiland in beweging. Zo wordt er elk jaar in maart Nyepi gevierd: het Balinese hindoeïstische nieuwjaar. In de aanloop naar Nyepi kun je de Melasti-ceremonie meemaken: alle dorpsbewoners lopen prachtig gekleed in lange processies naar hun dichtstbijzijnde strand of heilige waterbron voor een zuiveringsceremonie. Op oudjaarsdag vindt het spektakel Ogoh-Ogoh plaats. Een parade van reusachtige papiermachépoppen en luide muziek voert 's avonds door de straten met als doel om de boze geesten van het eiland te verjagen. Op nieuwjaarsdag is het dan tijd voor Nyepi: *'silent day'*. 24 uur komt niemand het huis uit, de elektriciteit is uit, verkeer is verboden en zelfs het vliegveld is dicht. Een bijzondere dag waarop je uit respect voor de goden en de natuur, en voor jezelf, een kleine onderbreking van de dagelijkse routine inlast. Een dag van rust en bezinning.

"Als je wat langer in Bali verblijft of de niet-toeristische plekken bezoekt, is de kans groot dat je wordt uitgenodigd om een ceremonie bij te wonen."



## DE BEVOLKING

Naast de prachtige tradities en saamhorigheid in religie staat de Balinese bevolking bekend om haar warmte, oprechte vriendelijkheid en nieuwsgierigheid. Ze zijn trots op hun cultuur en tradities en vinden het leuk dat mensen hun land komen bezoeken. Als je wat langer in Bali verblijft of de niet-toeristische plekken bezoekt, is de kans groot dat je van harte wordt uitgenodigd om een ceremonie bij te wonen.

Leuk om te weten: je gaat veel Balinese mensen ontmoeten met dezelfde naam. En dat is geen toeval. De eerste naam wordt namelijk bepaald door de volgorde waarin de kinderen geboren zijn, ongeacht of het een jongen of meisje is. Het eerste kind heet altijd Wayan of Putu en de tweede Made of Kadek. Het derde kind zal Komang of Nyoman worden genoemd en Ketut is de naam van het vierde kind.

*Wat wordt jouw Balinese naam? Wij zijn Putu Pris en Kadek Eve (ook wel uitgesproken als 'iepie', want de 'V' wordt in het Indonesisch een 'P').*

## EEN TROPISCH PARADIJS?

Ondanks alle mooie plaatjes en de heerlijke vakantie die je kunt hebben op Bali, doet het massatoerisme natuurlijk wel wat met het eiland. Bali is al decennialang een populaire vakantiebestemming maar de laatste jaren is het aantal bezoekers drastisch gestegen. Een grote impact, zowel op het eiland en de zee als op de Balinese gemeenschap die erop én ervan leeft. Een deel van de bevolking kan profiteren van

de inkomsten door toerisme. Er zijn echter ook Balinezen buiten de sector die in hun dagelijkse leven worden belemmerd door milieuvervuiling en de verandering van hun directe leefomgeving en mogelijke inkomstenbronnen (zoals bijvoorbeeld de visserij en landbouw).
Duurzaam toerisme en verminderde druk op het ecosysteem is daarom gelukkig een onderwerp dat steeds meer aandacht krijgt. Er zijn al veel initiatieven genomen voor het behoud van natuur en cultuur. Zo heeft Bye Bye Plastic Bags bijgedragen aan het verbieden van plastic tassen. En bij de meeste cafés krijg je inmiddels bamboe of glazen rietjes. Ook jij kunt er natuurlijk rekening mee houden als je naar Bali reist. Hier een aantal tips:

Neem je eigen waterfles, tas en rietje mee: koop geen plastic flesjes water. Elke maand worden er namelijk maar liefst 30 miljoen (!) verkocht op Bali en allemaal verdwijnen ze op de afvalberg en in zee. Je kunt je hervulbare fles bij je verblijf of restaurants vullen met gefilterd water. Bij de supermarkt hoef je geen plastic aan te nemen als je je eigen handige (boodschappen)tas bij je hebt. Als je op het strand of in een café een kokosnoot bestelt en ze hebben alleen plastic rietjes, pak je daar je eigen bamboe of glazen rietje.
Doe mee aan een beach clean-up: van bijvoorbeeld @byebyeplasticbags, @giliecotrust of van @thelawncanggu
Vaker lopen of fietsen: het is op Bali heel gewoon om voor alles even op de scooter te stappen. Misschien lukt het je om soms te kiezen voor een stukje wandelen of zelfs fietsen (daar zijn wij Nederlanders immers goed in toch?) Ook doet de elektrische scooter langzamerhand zijn intrede, wat een mooi eco-alternatief is.
Doe vrijwilligerswerk: wil je meer doen dan 'gewoon' vakantie houden? Kies dan voor vrijwilligerswerk, van het geven van Engelse les of voorlichting over gezondheid aan kinderen tot het meewerken in een Turtle Sanctuary.
Respecteer de Balinese mensen en cultuur: altijd.

INSIDER TIP //
**Lara Flax** Opgegroeid in Bali met Australische roots, werkt voor haar familiebedrijf @beachgoldbali en @konsciousgoods
*Bali is zo uniek, dompel jezelf helemaal onder in de rijke geschiedenis en cultuur van Bali. De dagelijkse ceremonies zijn hier de essentie van het dagelijks leven.*

## SELAMAT MAKAN

En nu we het toch over Bali hebben, dan moet er natuurlijk ook over eten gepraat worden. Als je net zo'n foodie bent als wij dan ga je heel gelukkig worden op het eiland. Omdat het verleidelijk is vooral in de goedgestylede restaurants en vegan hotspots te gaan eten, raden we je natuurlijk wel aan zoveel mogelijk te genieten van de Balinese keuken. Hieronder een paar van onze favoriete gerechten en Indonesische snacks die je niet mag missen:

Nasi campur: bij de meeste warungs kun je nasi campur bestellen. Letterlijk betekent dit *'gemengde rijst'*. Je kiest zelf uit de glazen vitrine wat je op je bord wilt. Je begint te kiezen uit witte, gele of bruine rijst. Van groenten, tempé en tahoe tot saté ayam (kip sate), ikan (vis), rendang (rundvlees in kruidige saus) en sambal telor (ei met sambal).
Nasi of bami goreng: dit ken je vast en zeker al en is iets wat bijna overal lekker gemaakt wordt
Gado gado: verse groenten, met wat aardappeltjes of lontong (witte kleefrijst), pindasaus en gefrituurde uitjes
Pisang goreng: gefrituurde banaan in beslag
Lemper: gestoomd of gebakken rijstrolletje met kip erin
Risolles: flenskroketjes die lijken op loempia's, gevuld met groenten en/of kip.
Klepon: groene bolletjes kleefrijst gevuld met palmsuiker (gula djawa) en in kokosnootsnippers gerold.
Spekkoek: kruidig-zoete laagjes cake van twee kleuren, om en om.
Dadar gulung: (pandan) groene pannekoekjes gevuld met bruine suiker (gula djawa) en kokos
Perkadel jagung: gefrituurd maiskoekje.

INSIDER TIP //
**Jack Morris** Reis influencer @doyoutravel met bijna 3 miljoen volgers, sinds 2016 woonachtig op Bali.
*Ga vooral van de gebaande (toeristische) paden af. Bali is een groot eiland, pak de scooter of huur een driver en ga op verkenning uit. Vooral het noorden is fantastisch.*

# KLEINE SPOEDCURSUS *bahasa* INDONESIA

Een paar veel voorkomende Indonesische woorden die handig zijn om te weten:

***Iya/baik/ok*** 'ja'
***Tidak*** 'nee'

Je spreekt een oudere vrouw uit beleefdheid altijd aan met ***'Ibu'*** wat mevrouw betekent en 'jij', maar ook moeder of mama als het om familie gaat. Een oudere man spreek je aan met ***'Bapak'***, dit betekent letterlijk: vader of oom. Maar ook 'meneer' en 'jij' wanneer je in gesprek met elkaar bent.

***Apa Kabar?*** 'Hoe gaat het?'
***Bagus!*** 'Goed'!

***Mau ke mana?*** Waarschijnlijk ga je dit dagelijks horen. Het betekent letterlijk 'waar ga je heen', maar is meer bedoeld als 'hoe gaat het'?

***Dari mana?*** Dit betekent 'waar kom je vandaan?' Je kunt antwoorden met: 'Dari Belanda': ik kom uit Nederland.

***Di mana?*** Wil je de weg naar bijvoorbeeld het strand vragen? Dan vraag je 'Pantai di mana?'

***Terima kasih:*** Dankjewel

***Selamat pagi:*** Goedemorgen (tot 11 uur)
***Selamat siang:*** Goedemiddag (11 tot 14 uur)
***Selamat sore:*** Goedemiddag (einde van de middag)
***Selamat malam:*** Goedenavond

***Selamat makan:*** Eet smakelijk! Heel erg belangrijk, want geloof ons, je gaat er heel veel eten.

***Maaf:*** Dit spreek je uit als ma-aaf en betekent 'sorry' of 'pardon' net als '*permisi*'.

***Sampai jumpa lagi:*** Dit zeg je bij het weggaan en betekent 'tot ziens!'

Ook handig om te weten:
***Sama Sama:*** graag gedaan
***Bisa bayar?*** mag ik betalen?
***Pantai:*** strand
***Jalan:*** weg of straat (de afkorting is Jl. en ga je vaak terugzien in dit boek)

Ibu Made verkoopt vers fruit op het strand

# LET'S GO! ZO PLAN JE JE PERFECTE VAKANTIE NAAR BALI

Een goede voorbereiding is het halve werk. Hieronder vind je alle tips over wat je moet weten voor het plannen van je ultieme Bali-vakantie.

## BESTE REISTIJD

**Droog seizoen:** van april tot en met oktober. Onze favoriete maanden: april, mei, september en oktober. Juli en augustus zijn erg druk vanwege de schoolvakanties.

## HET WEER OP BALI

Het is gemiddeld 30 graden op Bali. Juli en augustus zijn iets koeler door een heerlijk zeewindje en de winter in Australië. De warmste maanden zijn vaak november en maart, maar dan is het nog steeds goed te doen. En anders kun je altijd schuilen in een gezellig café. De hoeveelheid regen in het regenseizoen wisselt elk jaar. Er is bijna elke dag wel een bui, maar het regent niet de hele dag. Dus dit is ook een prima periode om te reizen.

## HOE LANG NAAR BALI?

Ga minimaal twee weken naar Bali. Je vlucht doet er ongeveer een dag over (met KLM maar 16 uur), en houd er rekening mee dat het lekker is om een paar dagen te acclimatiseren. Drie of vier weken zou nog beter zijn. Er is namelijk enorm veel te ontdekken op het eiland en dan heb je ook nog tijd om wat eilanden vlak bij Bali te bezoeken, die prachtig zijn en makkelijk te bereiken. Mocht je van plan zijn er echt even tussenuit te gaan, dan kun je natuurlijk ook een paar maanden of langer op Bali wonen. Mocht je niet de luxe hebben van heel veel spaargeld, dan kun je overwegen om een 'digital nomad' te worden, en vanuit Bali voor je Nederlandse klanten online te werken. Check wel even de laatste regels rondom werken op Bali, want hier zijn ze enorm streng in.

## JE ROUTE UITSTIPPELEN

Check pagina 194 e.v. voor de ultieme reisroute, afgestemd op jouw wensen.

## VAN TEVOREN JE VERBLIJF REGELEN?

Als je een specifieke reisroute in gedachten hebt, raden we je aan om van tevoren je verblijven te boeken. Je kunt er voor elk budget slapen: van een goedkope 'homestay' tot luxe villa met zwembad. De leukste plekken zitten namelijk toch al wel snel vol. Ga je liever op de bonnefooi? Dat kan natuurlijk ook. Je kunt gemakkelijk bijvoorbeeld via Booking.com of AirBnB zien wat er bij je in de buurt zit. Of nog makkelijker: loop of rijd even rond in de buurt en je zult overal bordjes van allerlei leuke hostels en verblijven zien.

## DE BESTE VLIEGTICKETS

Het vliegveld van Bali is Ngurah Rai International Airport in Denpasar. Vul bij het zoeken naar tickets Denpasar in en je bent *good to go*. Check Skyscanner of Cheaptickets.nl voor de beste opties. En als je student bent of onder de 31 dan zit je bij Kilroy ook goed, want daar krijg je dan korting! De prijs van een ticket ligt gemiddeld tussen de 650 en 800 euro. In het hoogseizoen juli en augustus kom je hoger uit, houd dan rekening met tickets tot 1250 euro .

**TIP:** Het regenseizoen duurt van november tot en met maart, maar de voordelen van in deze periode naar Bali gaan zijn dat het minder druk is en het verblijf goedkoper is. Bovendien regent het meestal niet de hele dag, dus is het prima te doen. Wij vinden de maanden november, december en maart ook erg fijn om op het eiland te zijn.

**TIP:** Ga voor een nachtvlucht en de kortste reisduur van ongeveer 16 uur (zeker met kids). Dan heb je zo goed als geen jetlag bij aankomst op Bali. Check bijvoorbeeld de vluchten van KLM, Garuda Indonesia en Cathay Pacific. Je hebt wel altijd een korte overstap.

## PASPOORT

Zorg ervoor dat je paspoort nog minimaal 6 maanden geldig is vanaf het moment van vertrek. Anders kom je het land niet binnen!

## VISUM

Om op Bali van je vakantie te genieten heb je een toeristenvisum nodig. Blijf je korter dan dertig dagen, dan is dit gratis. Eenmaal uit het vliegtuig kun je dan direct door voor je 'visa on arrival' en vervolgens je koffers ophalen. Wil je langer dan dertig dagen blijven? Dan kun je een extra dertig dagen visum erbij kopen bij de kassa's voor de immigratiebalie. Kosten zijn € 35 (en mag je in euro's, Indonesische roepia of met je creditcard betalen). Je dient dan nog wel ook halverwege je verblijf op Bali met een visumbureau de verlenging officieel te maken (regel dit uiterlijk twee weken voordat je eerste dertig dagen verlopen zijn). Waarvoor je opnieuw 35 euro betaalt. Meestal geef je dan voor een dag je paspoort af en moet je langs het immigratiebureau om een vingerafdruk te geven. Ben je van plan om nog langer dan zestig dagen te blijven als toerist, regel dan met het visumbureau een 'visa-run' naar bijvoorbeeld Kuala Lumpur of maak zelf even een leuk uitstapje buiten Indonesië, om vervolgens opnieuw Bali in te komen op een toeristenvisum van dertig of zestig dagen. Regels wisselen nogal eens, dus laat je in dit geval goed adviseren. Je vindt deze visumbureaus overal op Bali en je kunt er ook bij je verblijf naar vragen.

## GELD, JE DAGBUDGET EN ONDERHANDELEN

Op Bali betaal je met Indonesische roepia. Je kunt direct op het vliegveld bij aankomst pinnen, zodat je contant geld op zak hebt. Nog makkelijker is gewoon elke keer pinnen bij een van de vele geldautomaten in elke plaats.
**Tip:** wij gebruiken de XE Currency converter-app, altijd up-to-date.

Vaak krijgen we de vraag hoeveel geld je op Bali per dag gemiddeld kwijt bent. Dit ligt echter helemaal aan je eigen reisstijl. Je kunt met een klein budget in hostels slapen voor nog geen 15 euro per nacht of luxe voor meer dan 500 euro per nacht. Het gemiddelde voor een villa met drie slaapkamers en een zwembad ligt bijvoorbeeld rond de 150-200 euro. Daarnaast kun je voor onder de 5 euro nasi campur eten of voor 20 euro per persoon uitgebreid uit eten.

Daarnaast ligt het ook aan je onderhandel-skills. Bij veel lokale winkels, marktjes en verkopers op het strand kun je onderhandelen over de prijs. Allereerst: maak er wat leuks van en onderhandel met een glimlach. Hoewel wij dit in Nederland niet gewend zijn, is het daar de normaalste zaak van de wereld. Accepteer nooit meteen de eerste prijs, maar begin met een tegenbod van minder dan de helft. En kom elkaar uiteindelijk op of net over de helft tegemoet. Je kunt altijd voor jezelf bedenken: wat wil ik hiervoor uitgeven? Wil je echt een goede prijs, koop dan meer items in één shop. Heb je een keer veel te veel betaald? Maak je niet druk. Wij denken dan altijd: alsnog is het erg goedkoop en als je lokaal shopt, heb je er waarschijnlijk een Balinees gezin mee geholpen.



## REISVERZEKERING

Zorg voor een reisverzekering met werelddekking. Makkelijk is ook om een doorlopende reisverzekering af te sluiten, dan heb je daar geen omkijken meer naar.

## TAXI VANAF HET VLIEGVELD

Een van de eerste dingen die je wilt regelen als je aankomt op Bali is dat je zonder gedoe snel naar je eerste verblijf komt. Als je aankomt op het vliegveld kan de hoeveelheid taxichauffeurs die op je afkomt omdat ze je willen vervoeren, nogal overweldigend zijn. Onze **tip:** regel van tevoren je vervoer. Via je hotel of verblijf kun je altijd een 'airport pick-up' regelen, je wordt dan opgehaald door een persoonlijke chauffeur, die je, zodra je je bagage van de band hebt gehaald, vaak al met je naam op een bordje staat op te wachten. Heel relaxed dus! Mocht je toch ter plekke een taxi willen regelen, loop dan na de bagageband naar de balie van 'Blue Bird', de meest gebruikte taxicentrale van Bali. Deze vind je buiten de aankomsthal, wanneer je naar de parkeergarage loopt. Houd er rekening mee dat je in beide gevallen rond de 15 à 20 euro betaalt.

## VERVOER OP BALI

Verkeersregels zijn nogal anders dan je gewend bent. Bijvoorbeeld: in Bali rijden we links, en verwacht een hoop getoeter. Hiermee geven we aan: pas op, ik haal je in! Het is niet boos bedoeld, zoals we in Nederland gewend zijn. Hier zijn de opties voor je vervoer:

Scooter: de beste manier om het eiland mee te verkennen! Je kunt overal op Bali scooters huren, je betaalt er ongeveer 5 euro per dag voor. Regel in Nederland je internationale rijbewijs bij de ANWB. En draag altijd een helm tijdens het rijden, want de scooters kunnen enorm hard gaan en geloof ons, het verkeer kan nogal chaotisch zijn. Indien je zelf geen scooter rijdt, maar niet in een auto in de file wilt zitten, kies dan voor de scootertaxi. Deze bestel je gemakkelijk via de Gojek app. Ze hebben altijd een extra helm mee. Dus je kan zo achterop springen.

Fietsen op Gili Air

Fietsen: als je het leuk vindt om te fietsen kan dat in hartje Canggu of ga voor een georganiseerde fietstocht bij Ubud langs de rijstvelden. Op de Gili-eilanden doe je alles lopend of per fiets, want daar hebben ze geen auto's. We raden je niet aan te fietsen in andere plaatsen zoals Seminyak, omdat dit echt gevaarlijk kan zijn vanwege het drukke verkeer.

Taxi: je zult op Bali zien dat er taxi's in overvloed zijn. Je kunt een 'Blue Bird' pakken of via de Gojek app (zie TIP hiernaast) een taxi bestellen. Die rijden op de meter en je hebt dus nooit gedoe over de prijs. Geen taxi te krijgen? Dan vraag je via je verblijf of bijvoorbeeld het lokale winkeltje op de hoek naar een taxi en geheid dat er dan binnen no-time iemand voor komt rijden. Taxiritten zijn goedkoop, dus als je tevreden bent, geef de chauffeur dan een fijne fooi.

Auto: je kunt zelf een auto huren, maar beter nog: voor een heel betaalbare prijs huur je voor een hele dag een auto met een chauffeur. Zo kun je relaxed een dagtripje maken of je bijvoorbeeld naar je volgende verblijf laten brengen. Het hangt af van waar je heen gaat, maar reken voor een dagtrip ongeveer 35 euro.

Lopen: als je in een van de grotere plaatsen verblijft, zoals Canggu, Seminyak en Ubud, kun je prima lopend de buurt verkennen.

Boot: van Bali naar omringende eilandjes zoals Nusa Lembongan en de Gili-eilanden ga je per boot vanaf Sanur, Serangan of Padang Bai. Je kunt deze het beste van tevoren boeken om zeker te zijn van je plekje (betalen kan vaak online of ter plekke op het kantoortje). Je leest later bij onze tips welke goed zijn!

## INTERNET EN WIFI

Elk hotel en restaurant heeft wifi. Leuk weetje: ze zijn zelfs verplicht om het je aan te bieden. Wil je liever altijd online zijn, dan kun je heel gemakkelijk een Indonesisch simkaartje

**TIP:** download bij aankomst de lokale koeriersapp Gojek. Een soort 'Thuisbezorgd' app. Je kunt er je eten mee thuisbezorgd krijgen, maar ook (scooter)taxi's bestellen en zelfs boodschappen laten doen.

**TIP:** download de offlinekaart van Bali, zodat je altijd zonder internet de weg op je telefoon kunt vinden.

in je telefoon doen. Je koopt deze langs de weg bij kleine winkeltjes waar je groot in het rood Telkomsel op ziet staan. Koop dan een nieuw simkaartje met bijvoorbeeld 8GB internet en wat beltegoed (pulsa) om bijvoorbeeld even een reservering te maken bij een restaurant. Je betaalt hier niet meer dan 20 euro voor. Je kunt deze altijd aanvullen als het op is.

### DOKTERS EN ZIEKENHUIZEN

Nu hopen we natuurlijk dat je deze informatie niet nodig hebt. Maar mocht het zo zijn: op Bali kun je voor spoedgevallen het beste terecht bij Siloam, BIMC en Kasih Ibu. Daarnaast heeft elke plaats een lokale dokter of kliniek. Voor kleine ongemakken kun je hier terecht. Check je verblijf voor de dichtstbijzijnde post.

### VACCINATIES

Check bij je huisarts of lokale GGD welke vaccinaties jij nodig hebt voor Bali.

### BALI BELLY

Helaas een bekend begrip op Bali. Deze buikgriep komt veel voor, het is immers een tropisch gebied. Je krijgt het door bacteriën die voorkomen in voedsel en water. Je kunt hier behoorlijk ziek van raken, maar het is gelukkig goed te behandelen. Wil je dit voorkomen, let dan vooral op hygiëne. Was je handen altijd goed, zeker na het aanraken van bijvoorbeeld geld, deurklinken en ja: menukaarten. Je kunt ook bijvoorbeeld een flesje droogzeep of pakje Dettol-doekjes in je tas doen. Daarnaast moet je vooral even opletten hoe de keuken eruitziet als je gaat eten bij de kleine, lokale eettentjes. Als je geen risico wil lopen dan zou je deze het beste kunnen vermijden. Menig westerse maag is natuurlijk niet zoveel gewend, omdat we nou eenmaal in een enorm schoon land leven. En als laatste: poets en spoel je tanden niet met kraanwater, maar met gefilterd water. Heb je het toch te pakken? Let vooral op dat je niet uitdroogt. Gebruik bijvoorbeeld ORS, drink voldoende water of vers kokosnootwater. Mocht je na enkele dagen koorts houden, neem dan contact op met de dokter, want dan zou het ook wel eens een parasiet kunnen zijn. Je kunt op Bali bij verschillende health food-cafés *colloidal silver* ofwel zilverwater kopen, kopen, een natuurlijke antibiotica, speciaal tegen Bali Belly.

### VEILIGHEID

Zoals op elke toeristische plek moet je rekening houden met je veiligheid. Want met het groeiend toerisme groeit helaas ook de criminaliteit. Nu willen we je niet bang maken, maar wel benoemen dat je je gezond verstand ook zeker mee moet nemen naar Bali. Niet alleen in het verkeer, maar ook als je bijvoorbeeld na het uitgaan

De haven van Gili Meno

Eve, Stephen en Manua op Karma Beach

in het donker terugrijdt naar je hotel. Onze belangrijkste **tip:** sla een sarong om je schouders en benen als vrouw en bewaar altijd je tas onder het zadel van je scooter. Vermijd na zonsondergang de kleine, niet-verlichte wegen. Mocht je lopend zijn, probeer dan altijd de grote weg te nemen of met iemand of een groepje terug naar je hotel te lopen.



## NAAR BALI MET BABY EN KINDEREN

Inmiddels hebben we zelf ervaren dat Bali ook een heerlijke plek is om met je baby of al wat oudere kinderen op vakantie te gaan. En het fijne is: je hoeft niet veel mee te nemen, want op Bali is alles te huur (check bijvoorbeeld Bali Baby Hire). Vaak kan je accommodatie alvast een bedje verzorgen. En de rest, van autostoeltjes en buggy's, magnetrons of zwembadhekken tot kindvriendelijke chauffeurs en zelfs oppas voor tijdens je date night, kun je ook regelen.

## REIS MET LIEFDE

En dan een laatste, niet onbelangrijke:

- Gedraag je te allen tijde aardig, respectvol en bescheiden. Onthoud goed dat we allemaal slechts te gast zijn op dit mooie eiland.
- Raak niet het hoofd aan van mensen en zeker niet van kinderen, hoe schattig ze ook zijn. Dit wordt namelijk als heilig deel van het lichaam gezien en dat mag je als vreemde niet aanraken.
- Wees gul. Het is niet verplicht om een fooi te geven. Maar laat gerust een royale fooi achter voor het personeel in restaurants, in je hotel, bij de salon, et cetera. Alles is namelijk natuurlijk relatief goedkoop voor ons als westerlingen, dus met het kleine extraatje kun je iemand enorm blij maken.

INSIDER TIP //

**Stephen Andes** Man van Eve en vader van Manua. Brazilian Jiu Jitsu instructeur.

*Boek de eerste twee nachten van je verblijf een lekker (luxe) hotel. Om bij te komen van de lange reis en tijdens je jetlag te relaxen. Zoals The Colony in Seminyak. En een aanrader voor gezinnen is de VIP-service op het vliegveld. Ze wachten je op bij de gate, je loopt zo langs alle rijen en je koffers worden gehaald terwijl jij met je kid(s) in de lounge alvast kunt chillen. Boek deze vooraf online.*

# DE BALI-INPAKLIJST

*Check-in:* koffer of backpack.
Neem een koffer mee naar Bali als je met de taxi van de ene naar de andere plek gaat. Als je het eiland wilt rondreizen op de scooter, kies dan voor een backpack.
*In de cabine:* wij kiezen altijd voor een *hardcase* rolkoffertje. Want er moeten camera's in, een laptop en andere kwetsbare spullen.

## VLIEGTUIGOUTFIT

- ♡ Sneakers (of andere ademende schoenen)
- ♡ Een lekkere joggingbroek of een andere comfortabele broek
- ♡ Makkelijk T-shirt
- ♡ Grote sweater of hoodie
- ♡ Extra shawl of sarong, want het wordt vaak nogal koud op de vlucht

## JE HANDBAGAGE

- ♡ Telefoon en oplader
- ♡ Paspoort en tickets
- ♡ Je verzekeringspasje
- ♡ Je boekingsinformatie van je verblijven of andere reisdocumenten
- ♡ Indonesische roepia's: het is heel erg fijn om alvast contant geld bij je te hebben (niet meer dan 100 euro) wanneer je op Bali aankomt. Om bijvoorbeeld je taxi te betalen of onderweg wat te kopen in de winkel. En anders kun je bij de pinautomaat op het vliegveld pinnen.
- ♡ Je hervulbare waterflesje. Vul deze op Schiphol na de douane bij een van de vele tapfonteintjes. En in Bali vul je hem met filterwater, zodat je geen plastic flesjes hoeft te kopen, want die zijn enorm schadelijk voor het milieu.
- ♡ Camera: je kunt overigens overal natuurlijk ook gemakkelijk foto's maken met je telefoon.
- ♡ Oordopjes (want de oordopjes die je in het vliegtuig krijgt om film mee te kijken zijn meestal niet zo fijn)
- ♡ Voor relaxed slapen: oogmasker, oordopjes, warme sokken (en slaappillen als je moeite hebt met slapen)
- ♡ Toiletartikelen: tandenborstel, lippenbalsem, gezichtscrème, make-upremover (voor de vrouwelijke lezers onder ons)
- ♡ Vitamine C-pillen! Het is niet bewezen, maar we hebben ooit van een health coach als tip gekregen om tijdens de vlucht elke 3 uur een vitamine C-pil van

1000mg te nemen, om vermoeidheid en de klap voor je weerstand die je vaak tijdens een vlucht krijgt, goed op te vangen.

- ♡ Boek, tijdschrift(en) of e-reader. Eventueel reisdagboek om je avonturen bij te houden. Leuk om alle details van je droomreis later nog eens terug te kunnen lezen.
- ♡ Een extra paar ondergoed en schoon T-shirt, indien je koffer niet meteen aankomt. Komt niet vaak voor, maar we hebben het wel eens meegemaakt en dan ben je erg blij als je dit hebt ingepakt.
- ♡ Food! Neem wat snacks mee. Lekker voor bij de film.



**TIP:** doe een handige *tote bag* in je koffertje en voordat je het vliegtuig in stapt pak je deze eruit. Doe hier alles in wat je tijdens de vlucht nodig hebt, zodat je geen losse items in de stoel voor je hoeft te doen. Of als je een grote rugtas bij je hebt, dat je hele rugtas onder de stoel voor je moet liggen en je nergens je voeten meer kunt laten.

## JE CHECK-INKOFFER

Kleding

*Voor het gemak toegespitst op de vrouwelijke lezers :)*

- ♡ 2 korte broeken + 2 rokjes
- ♡ 2 jurkjes of jumpsuits
- ♡ 4 hemden + 4 T-shirts
- ♡ 1 sweater of vest
- ♡ 1 lange broek
- ♡ 1 jasje
- ♡ 1 paar strandslippers + 1 paar sandalen + 1 paar sneakers (zorg voor schoenen met een goede zool als je de vulkaan gaat beklimmen)
- ♡ Voor als je gaat sporten: 1 sportbroek, 1 yogalegging, 3 sporttops, sportschoenen
- ♡ Accessoires: sieraden, haarbanden, et cetera.
- ♡ Ondergoed en sokken
- ♡ Kleine schoudertas met band en/of handige rugtas
- ♡ Tas voor naar het strand (en tas voor boodschappen)

Surfen & zwemmen

- ♡ 3 bikini's/zwembroeken
- ♡ 1 fijn badpak of goed vallende boardshort voor als je gaat surfen

- ♡ Sarongs (je koopt deze handige dunne doeken als je ze niet al hebt op Bali voor ongeveer 2 euro per stuk)
- ♡ Zonnebril
- ♡ Pet of hoedje
- ♡ Zonnebrand (hoge SPF, de zon is sterk – wij gebruiken SPF50!)

Body & face

- ♡ Tandenborstel en tandpasta
- ♡ Make-up (neem niet te veel mee, want je zweet het er toch weer af), make-upremover en watjes
- ♡ Shampoo & conditioner (of koop dit in Bali, want het weegt nogal veel)
- ♡ Bodylotion of aftersun

Medicijnen

- ♡ Muggenspray*, liefst met Deet zoals die van Care-Plus. Op Bali zijn er ook lokale merkjes te verkrijgen zoals Autan of 100% natuurlijke muggenspray van Utama Spice.
- ♡ Je eigen benodigde medicijnen in de originele verpakking, met je recept
- ♡ Je eigen vitamines in de originele verpakking

**TIP:**

Pak niet te veel in. Want op Bali kun je voor een prikkie je kleding laten wassen bij de wasserette. Het komt vaak binnen een dag schoon en gestreken weer terug. En bovendien wil je ruimte overlaten in je koffer om leuke souvenirs en eventueel kleding te kopen.

*We krijgen vaak de vraag over muggen ziektes dengue, zika en malaria. Laat je goed door je huisarts of de GGD adviseren, want het hangt er vanaf waar je reist binnen Indonesië. Onze tip voor Bali: op plekken met veel muggen 's avonds je armen en benen bedekken, muggenspray met Deet opspuiten en een klamboe gebruiken. Verblijf je ergens met airco? Dan is een klamboe meestal niet nodig.

Voor het huis van Pris in Seminyak

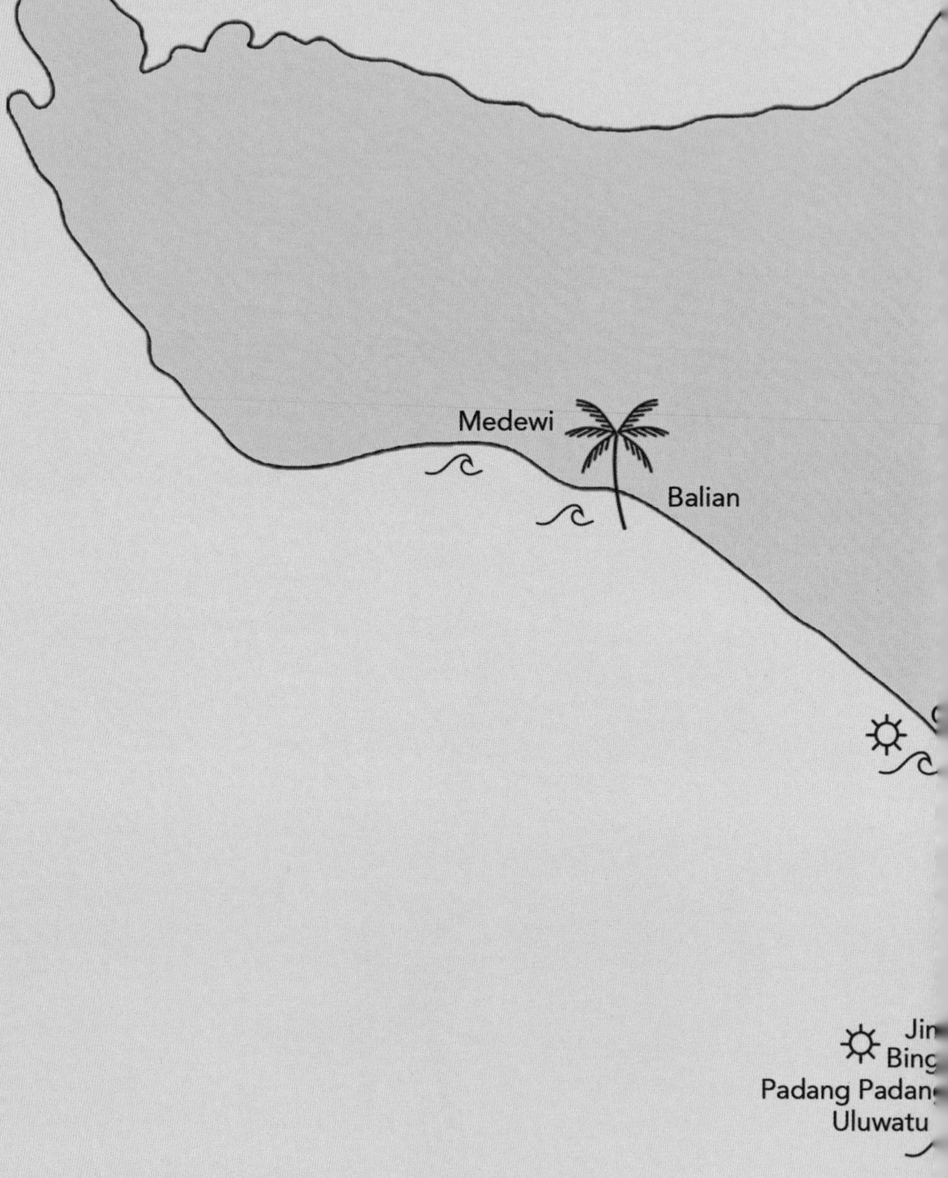
Medewi
Balian
Jin
Bing
Padang Padan
Uluwatu

# Welike Bali

Mount Agung
atiluwih
Karangasem
Ubud
Candidasa
gu
Keramas
rawa
Denpasar
Jmalas
Sanur
Seminyak
Nusa Lembongan & Ceningan
Legian
Kuta
Nusa Penida
Nusa Dua

# 300 X *Bali* TIPS

Voordat we nu overgaan op het gedeelte waar jij natuurlijk voor komt – alle Bali-tips – nemen we even kort de verschillende gebieden op Bali met je door. Om je te helpen met het navigeren over het eiland, hebben we de meest interessante plekken uitgekozen. In de hoofdstukken die gaan volgen vind je per plaats alle hotspots gesorteerd op de categorien: eten & drinken, uitgaan, slapen, strand & surfen, beach clubs, yoga & sport, shoppen, self-love (alle *pampering* spots) en meer om te ontdekken en doen; van watervallen tot kookcursussen. Sommige plaatsen zullen niet expliciet worden genoemd, zoals Sanur. Niet zozeer omdat we afraden hierheen te gaan, maar omdat het een wat ander soort publiek trekt, en we je dan eerder aanraden om bijvoorbeeld Canggu of Seminyak te bezoeken.

### CANGGU

De hele dag surfen, (pool)hangen in een beach club, eten in een van de vele (vegan) cafés en dansen tijdens sunset, dat doe je in Canggu. In deze populaire strandplaats kun je een paar dagen vertoeven, maar gerust ook een paar maanden.

### SEMINYAK

Naast Canggu vind je Seminyak. Een groter en drukker stadje, vooral een heerlijke plek voor strand, shoppen en eten. Slaap in een van de luxe resorts, een pool villa of een leuk kleinschalig bed & breakfast.

### ULUWATU

Officieel genaamd 'The Bukit', het zuiden van Bali, en de tropische kant van het eiland. Dé bestemming voor surfers en strandliefhebbers. Rondcruisen op je scooter naar witte zandstranden en genieten van de mooiste uitzichten over de oceaan.

### UBUD

Weg van de kust in het midden van het eiland reis je naar het groene Ubud. Rijstvelden, cultuur, yoga en fantastische culinaire (walhalla voor vegans!) ontdekkingen.

### OOST-BALI

Van groene jungle en Mount Agung rondom Karangasem tot het serene Candidasa aan de kust, is het oosten een uniek stukje Bali. Hier ervaar je nog het authentieke Bali en kun je echt even helemaal tot rust komen.

### NOORD-BALI

Rustig, avontuurlijk en local. We hebben dit gebied niet als apart hoofdstuk met hotspots, maar voor de natuurliefhebbers is dit een absolute aanrader.

### WEST-BALI

Aan de westkust nog verder boven Seminyak en Canggu, kun je surfen, relaxen en aan de drukte ontsnappen. Leuke plekken zijn bijvoorbeeld Balian, Medewi en Menjangan en ook vind je hier het West Bali National Park.

### NUSA LEMBONGAN, CENINGAN & PENIDA

Voor turquoise blauw en helder water, ongerepte natuur, witte stranden en zwemmen met mantaroggen ontsnap je naar de Nusa eilanden, een halfuurtje vanaf Bali met de boot.

### DE GILI-EILANDEN

Voor het (nog) echte paradijs met witte stranden en idyllische slaapplekjes op het strand breng je een bezoekje aan Gili Trawangan, Meno of Air. Een plek om lekker te relaxen, zonder auto's of scooters.

### FLORES

Malediven, *eat your heart out*. Op Flores (een uurtje vliegen vanaf Bali) kun je met de boot eilandhoppen naar de meest prachtige eilanden, het Komodo National Park, 'pink beach' en een rijke onderwaterwereld ontdekken.

## ICONEN, HOE WERKT HET?

Bij onze tips vind je deze tropische iconen terug. Handig wanneer je je eigen specifieke selectie gaat maken van de spots die je wil bezoeken!

surf   strand   vegan   favoriet   Instagrammable

## HEB JE EEN SPECIFIEK BUDGET VOOR OGEN VOOR JE ACCOMMODATIE?

Kies je verblijf dan op basis van deze iconen:

| | |
|---|---|
| **€** | 0 - 75 euro |
| **€€** | 75 - 150 euro |
| **€€€** | > 150 euro |

# CANGGU

## EAT,
## SLEEP,
## SURF,
## REPEAT.

Dé plek voor een paar dagen, een paar weken of waar je zelfs nooit meer vertrekt. Want Canggu heeft het allemaal. Van je eerste surfles tot sweaty barre class-sessie, beste baristakoffie tot lekkerste vegan lunch, van chillen in je *pool villa* tot dansen tijdens sunset, shoppen bij de tofste eilandboetiekjes tot flexwerken onder de palmbomen.

Echo Beach

# CANGGU

In dit idyllische surferstadje in de rijstvelden aan de westkust van Bali, net boven Seminyak, vind je Bali's beste cafés, beach bars, surf spots, yogastudio's en leukste plekken om te verblijven. Canggu is een plek waar iedereen samenkomt. Van surfers, backpackers, soloreizigers tot jonge gezinnen, creatieven en digital nomads.

Canggu (spreek uit als tjan-goe) is verdeeld in de buurten *Batu Belig* en *Berawa*, het gedeelte vóór de bekende 'shortcut' waar je een mix van expats en reizigers vindt, en *Batu Bolong* en *Echo Beach*, het bruisende hart van Canggu ná de 'shortcut', waar je de populairste hotspots vindt en de jonge crowd tot in de late uurtjes danst op het strand. Aan de rand van Canggu vind je het serene *Pererenan*, waar je nog een glimp opvangt van Canggu vóórdat het ontdekt werd door westerse surfers en jonge toeristen. En als laatste noemen we nog het rustige *Umalas*, een buitenwijk tussen Canggu en Seminyak in, waar expats zijn neergestreken en reizigers die langer op Bali verblijven. Elke buurt heeft een eigen 'toegang' naar het lang gestrekte, zwarte vulkanische zandstrand van Canggu.

Het strand van Canggu is bij uitstek geschikt voor je dagelijkse surfsessie of je eerste surfles. Vanwege de sterke stroming (en dus goede golven!) is rustig ronddobberen niet aan te raden, voorzichtig pootjebaden of een stukje zwemmen tot je middel kan nog net. Let op de rode vlaggen op het strand, daartussenin mag je niet zwemmen.

Ga je met de scooter op pad? Dan maakt het niet uit in welke buurt je verblijft. Je cruiset namelijk heel makkelijk van de ene naar de andere buurt, langs groene rijstvelden en straten gevuld met de hipste cafés. Soms stuit je op een behoorlijke file op de 'shortcut'. (Daar ligt door de drukte nog wel eens een auto of scooter omgekukeld in de rijstvelden, oeps!) Verken je Canggu liever lopend of met de fiets? Zorg dan dat je rondom Batu Bolong of Echo Beach verblijft. Het is overigens met de scooter ongeveer 20 minuten naar Seminyak, met de auto iets langer vanwege de files. Een uur in de richting van Uluwatu en anderhalf uur naar Padang Bai. Canggu is dus ook ideaal om van hieruit dagjes strand in het zuiden te doen.

The Lawn

# ETEN & DRINKEN

Shady Shack

"De enige echte plantaardige nasi campur eet je bij Give."

**PELOTON SUPERSHOP**

Ons favoriete vegan café in Canggu! Van plantaardige pannenkoeken voor het ontbijt tot kleurrijke regenboog-salades als lunch, en 's avonds mag je de jackfruittaco's niet missen.
@pelotonsupershop
Jl. Pantai Berawa 46

**SHADY SHACK**

Met stip onze favoriete all-day ontbijt-, lunch- en dinerspot in hartje Canggu. Geniet van een heerlijke *iced latte* in de tropische tuin, of ga voor een van de vele overheerlijke gezonde, vegetarische gerechten en smoothiebowls.
@theshadyshack
Jl. Tanah Barak 57

**GIVE CAFÉ**

De enige, echte plantaardige *nasi campur*. Stel je bord samen met keuze uit overheerlijke authentieke Indonesische gerechten in de vitrine. Voor jouw *sate ayam* hoeft geen dier te lijden. En het beste eraan: 100% van de winst gaat naar lokale goede doelen, en jij kiest zelf welke. Leuk om te weten: GIVE Café is het zusje van het populaire vegan KYND Café in Seminyak.
@givecafe
Jl. Batu Mejan 85

**WATERCRESS**

Hier beginnen wij vaak onze dag met een heerlijk ontbijtje, koffie en een kokosnoot. Tussen het bruisende Seminyak en Canggu in vind je dit gezellige, mooi gestylede café. Een must-go!
@watercressbali
Jl. Batu Belig 21

**MILK & MADU**

Het gezelligste openluchtbuurtcafé (van de eigenaren van Watercress) waar je het liefst elke dag gaat ontbijten en lunchen, en nooit verveeld raakt. Favoriet bij gezinnen door de leuke speelplaats voor de kleintjes en beschikbare speelgoed en boekjes. En sla een dinnerdate met de lekkerste steenovenpizza's niet over!
@milkandmadu
Jl. Pantai Berawa 52

Peloton Supershop

GIVE Café

### MANGGIS IN CANGGU

In dit stijlvolle restaurantje kun je zowel binnen als buiten in de tropische tuin zitten. Ze hebben een heerlijk vegetarisch en vegan menu. **Tip:** goede werkplek voor de digital nomads onder jullie.
@manggisincanggu
Gg. Anggrek Jl. Pemelisan Agung 7

### FISHBONE LOCAL

De lekkerste visgerechten eet je bij Fishbone Local. En dat niet alleen, 's avonds is dit dé favoriete hangout van de cool crowd en serveren ze lekkere cocktails.
@fishbonelocal
Jl. Pantai Batu Bolong 99

### THE SLOW

Op een steenworp afstand van het strand van Batu Bolong vind je dit door Los Angeles geïnspireerde, stijlvolle hotel, kunstgalerij en restaurant. Je eet en drinkt uit design keramiek servies, onder een botanische setting van hangplanten. Een *sunset*-sessie onder het genot van een cocktail doe je op het dakterras. Bij ons favoriet voor onze koffiemeetings.
@the.slow
Jl. Pantai Batu Bolong 97

### MASON

Als we een speciale gelegenheid hebben, vieren we dit bij *fine-dining* restaurant Mason. Waar je de lekkerste Australische gerechten eet, in de romantisch verlichte tuin (LA vibes *all over*) of binnen in het *minimal* designinterieur. 's Avonds gaan de deuren van de 'Backroom Bar' open, een gegarandeerd succes voor een avondje uit.
@mason.bali @thebackroom.mason
Jl. Pantai Batu Bolong 83

### COPENHAGEN

Deel jij Eve's obsessie voor *cinnamon buns*? Dan mag je deze spot niet missen! Schuif aan in dit knusse, *roadside* cafeetje voor een Scandinavisch geïnspireerd ontbijt of brunch.
@copenhagencanggu
Jl. Padang Linjong 71

### WARUNG BU MI

Na het surfen eet je bij deze warung midden in Canggu de lekkerste *nasi campur*. Kies voor witte, bruine of gele rijst en wijs aan wat je op je bordje wilt (ook veel opties voor vegetariërs).
Jl. Batu Bolong 52

### BGS

Onze vaste koffie to go-spot (nu ook in Uluwatu!). In dit frisse, minimal gestylede koffiezaakje kun je terecht voor een baristakoffietje van echte kwaliteit. De verse *almond milk*-cappuccino is onze favoriet!
@bgsbali
Jl. Munduk Catu No.1

### NINETY ONE

Bij uitstek het mooiste restaurant *on the block* van Balinese eigenaren en lokale bekende prosurfer Tipi en Feby.

The Slow

Mason

The Lawn

Copenhagen

Ninety One

Je eet hier op het Midden-Oosten geïnspireerde gerechten in een modern jasje of maak je een pitstop voor een koffietje aan de buitenbar. Ook dé plek voor een romantisch avondje uit onder het genot van een goed glas wijn of zomerse cocktail.
@ninetyonebali
Jl. Pantai Batu Bolong 91

### THE LOFT ♥

Dat Bali een thuis biedt aan de meest Instagrammable cafés, dat wist je waarschijnlijk al. En The Loft ontbreekt in dit lijstje niet. Met een grote, roze muur is dit opvallende health food-café niet te missen.
@theloftbali
Jl. Pantai Batu Bolong 50

### WARUNG HEBOH

Bij deze lokale warung eet je de lekkerste *nasi campur* voor nog geen drie euro. Loop langs de vitrine en kies je favoriete Indonesische gerechtjes. Ook leuk om andere reizigers te ontmoeten!
Jl. Raya Semat (op het kruispunt waar de 'shortcut' begint)

### CAFÉ VIDA

Wat ooit een authentiek Balinees familiehuis was, is nu een van de leukste health food cafés in hartje Canggu. De lekkerste taartjes en raw food cakes mag je zeker niet missen.
@cafe_vida_bali
Jl. Pantai Batu Bolong 38

### MAD POPS ♥

Er is geen zonvakantie compleet zonder een vaste ijsspot, toch? Zet Mad Pops maar op je lijstje! Want hier vind je het allerlekkerste ijs in town, en het is nog vegan ook.
@madpopsbali
Jl. Pantai Batu Bolong 48

### MOTION CAFÉ

Van proteïneshakes tot vegan wafels. De sportieve reiziger schuift aan bij Motion voor een dagelijkse powerfoodmaaltijd. Handig: je boekt er zelfs je personal trainer. Dat wordt weer fit naar huis!
@motioncafe
Jl. Pantai Batu Bolong 69

INSIDER TIP //
**Lauren Bullen** Reis influencer @gypsea_lust, sinds 2016 woonachtig op Bali.
*Een must is lekker gaan eten in Canggu en een Almond Latte doen bij BGS. Voor een dagje uit raad ik de Sekumpul watervallen aan en een stranddag in Uluwatu.*

Watercress

BGS

### TYGR SUSHI ♥

Bali is een Walhalla voor de liefhebbers van sushi. Onze go-to spot is deze sushi bar in Berawa. Klein, simpel, minimalistisch, maar super lekker en goedkoop!
@tygrsushi
Jl. Pantai Berawa 999

### ULEKAN

Hier eet je de meest verrukkelijke, traditionele Indonesische gerechten in een stijlvol interieur. Start met een *coconut granita*, vervolgens de rijsttafel en sla vooral het *Balinese banofee*-dessert niet over. Je kunt er terecht voor de lunch en het diner. Kijk op hun website wanneer er avonden met Balinese dans zijn.
@ulekanbali
Jl. Tegel Sari 34

### LA BARACCA

Onze vaste dinner spot. Omdat 'le boyfriend' van Italiaanse afkomst is, worden er hoge eisen gesteld aan een goede pizza. En die vind je hier zeker! Voor de vegans is er een speciale plantaardige pizza, een must-go dus!
@labaraccabali
Jl. Tanah Barak 55

### CRATE CAFÉ ♥

Crate was een van de allereerste cafés in Canggu en populair onder de *cool kids* vanaf dag een. Nu ze verhuisd zijn naar een grotere locatie, is deze *creative* hang-out uitgebreid met een shop en galerie. Verwacht lange rijen om je eten te kunnen bestellen!
@cratecafe
Jl. Canggu Padang Linjong 49

### REMIX JUICE 🌴

Dit piepkleine healthcafé in het rustige Umalas zou je zo ongemerkt voorbijrijden. Maar maak hier zeker een pitstop. Ideaal plekje voor je ontbijtmeeting of smoothie to go. **Tip:** ze doen ook aan *juice delivery* bij je hotel of villa.
@remixjuicebali @remixco_cafe
📍 Jl. Umalas 2

### CAFÉ ORGANIC ♥

De meest *Instagrammable* smoothiebowls eet je bij Cafe Organic in het boho, tropische interieur. En het is nog heerlijk ook, niet onbelangrijk. Je vindt een vestiging in Seminyak, Umalas (onze favoriet, rustig en met een mooi uitzicht op de rijstvelden) en in hartje Canggu op Batu Bolong.
@cafeorganicbali
📍 Jl. Petitenget 99 | Jl. Batu Bolong 58 | Jl. Umalas 1

Café Organic Umalas

INSIDER TIP //
**Helle Them-Enger** Eigenaresse en designer van internationaal kledingmerk @faithfullthebrand.
*Na mijn werk vertoef ik het liefste vanaf het eind van de middag bij The Lawn in Canggu, de strandclub van mijn man @taibuddha. Op dinsdag is er livemuziek, mijn favoriete dag. We drinken een coconut mojito terwijl de zon ondergaat en mijn zoontje Kahu danst op de muziek.*

# UITGAAN & SLAPEN

Casa Soleil

### THE LAWN ♥ ☀ 〰

De gezelligste hangout van Canggu! Vertoef de hele dag onder een van de parasols bij het zwembad, dat uitkijkt over de beste surfspots. Op vrijdag dans je er vanaf sunset tot in de late uurtjes.
@thelawncanggu
📍 Op Pantai Batu Bolong

### LUIGI'S HOT PIZZA

Deze pizzeria is er niet zomaar een. Elke avond ontpopt deze hotspot zich namelijk tot dé ontmoetingsplek van de hippe crowd. En elke vrijdag is het feest en wordt er tot in de late uurtjes (op de tafels) gedanst.
@luigishotpizzabali
📍 Jl. Batu Mejan

### DEUS TEMPLE OF ENTHUSIASM

Deze motorfabriek annex surfwinkel, restaurant en kunstgalerij stond als eerste in Canggu en nog steeds een populair adres. Er is vaak livemuziek en elke zondag is het dé spot om uit te gaan.
@deustemple
📍 Jl. Batu Mejan 8

### OLD MAN'S

Als er één plek in Canggu bekend staat om de feestjes dan is dat wel Old Man's. Overdag een spot om te relaxen en te surfen en 's avonds is het tijd voor happy hour. Elke woensdag trekt heel Canggu eropuit om bij Old Man's te dansen.
@oldmansbali
📍 Batu Bolong Beach

# SLAPEN

### CASA SOLEIL 🌴 ♥ € € €

Om de hoek bij alle hotspots, het strand en naast de deur van onze favoriete vegan warung GIVE, vind je dit zonnig ingerichte huis met drie slaapkamers en zwembad. Ons favoriete huis in Canggu! Perfect als je even in Canggu wilt 'wonen'.
@casasoleilbali
📍 Jl. Padang Linjong

### VILLA BLANC ♥ € €

Dit huis is een droom voor alle designliefhebbers. Midden in het rustige Pererenan, net buiten Canggu, verblijf je in een vierslaapkamervilla waar je iedere kamer apart kunt boeken met zwembad en Pinterest-waardig interieur. Leuk detail: alle meubels en woonaccessoires zijn ook te koop. Inmiddels is er een tweede villa 'Villa Blanc Surf' toegevoegd en volgt er een in Ubud.
@villablancbali
📍 Jl. Pantai Pererenan

### FELLA VILLAS 🌴 ♥ € € €

Als je je droomhuis op het eiland voor zou stellen, dan is Fella Villas het! Deze *Instagram worthy* privévilla heeft een zwembad, open keuken, exotisch gestylede huiskamer en drie slaapkamers met prachtige tropische badkamers.
@fellavillas
📍 Jl. Nelayan Banjar 23H

### THE SLOW ♥ € € €

Ben jij een hotellover, voorzien van alle gemakken en roomservice onder de knop? Op een steenworp afstand van het strand van Batu Bolong vind je dit door Los Angeles geïnspireerde, stijlvolle hotel, kunstgalerij en restaurant. Dit gerenommeerde hotel heeft in menig designmagazine gestaan.
@the.slow
Jl. Batu Bolong 97

### VILLA ZIN & PURI BEJI € €

Dit prachtige verborgen juweeltje wordt gerund door een Nederlandse eigenaresse en ligt op loopafstand van Berawa beach. Een luxe, stijlvolle versie van een *homestay*, met de vriendelijkste medewerkers.
@zinhotels
Gang Puri Beji

### VASSANI STAY € €

Wil je midden in hartje Canggu verblijven, niet te luxe, maar ook niet te backpackerig, met alle hotspots zodra je de deur uit stapt? Dan zit je bij Vassani Stay perfect. Vassani heeft stijlvolle kamers rondom een gedeeld zwembad.
@vassanistay
Jl. Munduk Catu 1

### THE APARTMENTS UMALAS & CANGGU € €

Dit tropische bungalowresortje met stijlvol ingerichte, witte huisjes is gelegen in het rustige Umalas bij Echo Beach. Je vindt er betaalbare kamers, studio's en appartementen met privé- of gedeeld zwembad.
@theapartmentsumalas
@theapartmentscanggu
Jl. Umalas Tunon Gang 5, Jl.
Padang Linjong 85

### CANGGU BEACH INN €

Voel je echt even thuis in je eigen appartementje in *paradise*. Canggu Beach Inn heeft stijlvolle loftappartementen met eigen keuken. Ideaal dus ook voor een wat langer verblijf. En het beste van alles; je loopt de deur uit en bent meteen bij alle hippe cafés.
@canggubeach_inn
Jl. Pantai Batu Bolong 57

### SUNFLOWER STAY & SURF ♥ €

Midden in het centrum waan je je ineens even in Marrakech. Deze exotische homestay heeft kleine, leuk gestylde kamers rondom een zwembad en gedeelde keuken.
@sunflowerstayandsurf
Jl. Pantai Batu Bolong 83A

### VILLA PHOENIX € €

Je rolt je bed uit en bent meteen op surf walhalla Echo Beach. In deze fashionable villa, gerund door een bekende Australische stylist Ozlem, vind je vier ruime slaapkamers die je elk apart kunt boeken. Je deelt met de andere gasten het zwembad en de keuken.
@balistyles
Jl. Batu Mejan, Gang Echo

The Lawn

Villa Blanc

Fella Villas

The Slow

### DREAMSEA SURF CANGGU ♥ €

Bij Dreamsea Surf Canggu beleef je de ideale surf-eat-sleep-repeat-vakantie. Je kunt er yogalessen en surflessen volgen terwijl je verblijft op een toplocatie in Canggu, met door boho geïnspireerde kamers (of kies voor de budgetoptie-*dorms*) en bijbehorend health food-café.
@dreamsea_canggu
Jl. Neyalan 5

### VYG VILLAS € € €

Nederlandse eigenaresse Kuuna runt in hartje Canggu nabij Echo Beach drie prachtig ingerichte Airbnb-villa's met elk een eigen design thema, van Marrakech tot Mexico. Als je hier verblijft wil je echt nooit meer naar huis.
@vygvillas
Jl. Padang Linjong

### KIMA SURF €

Kom je naar Bali om te leren surfen? Boek dan je verblijf bij Kima Surf Camp voor een onvergetelijke vakantie. Je kunt er ook gratis yoga doen en leuke trips maken over de rest van het eiland met je nieuwe surf-buddies.
@kimasurf
Jl. Batu Bolong

VYG villa

# STRAND, SURFEN & BEACH CLUBS

Pantai Batu Bolong

**PANTAI BERAWA**

Na Batu Belig strekt het zandstrand van Canggu zich verder uit naar Berawa. Hier vind je een rits aan gezellige, lokale strandhutjes zoals The Naked Coconut en de luxere all-day hang-out Finns Beach Club.

**Surf:** *yes* voor je eerste surfles met de locals, maar een *no* voor relaxed zwemmen door de venijnige stroming en wilde golven. Voor de intermediate surfers: van laag tot mid-tij surf je hier bij The Ledge, The Peak en Bombies.

**PANTAI BATU BOLONG**

Het strand van Batu Bolong, ook wel genoemd Tugu Beach, is dé ontmoetingsplek in hartje Canggu. Hier is het zien en gezien worden bij de populaire hang-out Old Man's en chillen bij beach lounge The Lawn.

**Surf:** Beginners, intermediate en gevorderd. Dit is dé spot om te leren surfen. Boek je les of huur zelf een board bij een van de standjes voor het strand, zoals Batu Bolong Boards Rental & Lessons. We raden je aan twee of drie lessen te boeken alvorens zelf je eigen golven te pakken. Pas wel op voor rondvliegende surfboards, want het is nogal druk in het water. Ben je een *longboarder*? Dan is dit jouw wave! Voor de intermediate en gevorderde surfers: rijd of loop voorbij The Lawn tot je een stenen muur treft. Daar vind je surfspot

'Old Man's'. Een rif break wat verder de oceaan in, met leuke linkse- en rechtse longboard breaks.

### ECHO BEACH

Na Batu Bolong kom je uit bij Echo Beach. Dat is een walhalla voor surfers, en daar vind je ons dus ook elke vroege ochtend voor een surfsessie! Als je niet zelf de plank op gaat, kun je de surfers bekijken met je *iced latte* bij beachclub La Brisa.

**Surf:** intermediate en gevorderd. Een zandbreak waar je surft tussen de locals, surftoeristen en prosurfers. Je moet al wel aardig kunnen surfen om een plekje in de line-up te kunnen veroveren.

### PANTAI PERERENAN

Ongeveer tien minuten van Batu Bolong vandaan vind je Pererenan Beach in het (nu nog) rustige gedeelte van Canggu. Al tijdens de rit ernaartoe, door groene sawa's, langs metershoge palmbomen, lokale fruitstalletjes en Balinese familietempels, krijg je het gevoel van het authentieke boerendorpje Canggu. De stranden zijn populair onder de locals en de surfcommunity. Op avontuur? Rijd door naar het naastgelegen Seseh.

**Surf:** intermediate en gevorderd.

Batu Bolong surfboard verhuur en lessen

# BEACH CLUBS

### THE LAWN

Een spot die niet voor niets twee keer in ons boek staat, want met stip de leukste hotspot van Canggu. In deze all-day beach lounge kijk je uit over de beste surfspots, terwijl je in de infinity pool aan de bar (yes, in het water dus!) van je kokosnoot of cocktail geniet. Van vrijdag tot en met zondag ga je dansend de sunset in tot in de late uurtjes. Houd de evennementenkalender in de gaten voor regelmatig geweldige optredens, van Diplo tot populaire bands uit Australië.
@thelawncanggu
Op Pantai Bolong Beach

### LA BRISA

Van dezelfde eigenaren als La Favela is ook La Brisa een feest voor het oog. Voor de beste surfspots vind je deze populaire, rustieke strandtent, geïnspireerd door de Balinese vissers en gemaakt van hout van oude vissersboten aan Echo Beach. Het concept klopt tot in de details. Van vissersnetten en handgeweven schommelstoelen tot antieke boeien. Je kunt hier de hele dag eten, drinken en chillen bij een van de vele zwembaden.
@labrisabali
Echo Beach



La Brisa

### SAMADI
Wil je niks anders doen dan yoga, (vegetarisch) eten en slapen? Dan kom je naar Samadi. Je kunt hier ook terecht voor retreats en yogaopleidingen.
@samadibali
📍 Jl. Padang Linjong 39

### THE PRACTICE
Hier zijn we wekelijks voor onze yogasessie. In deze bamboe openluchtstudio volg je allerlei yogalessen en workshops. Een levendige ontmoetingsplek voor beginnend- tot gevorderde yogi's.
@thepracticebali
📍 Jl. Batu Bolong 94

### THE CANGGU STUDIO 🌴
Een gezellige sport- en dansstudio met lessen zoals kickboksen, barre class, pilates, maar ook Beyoncé-dansles.
@thecanggustudio
📍 Jl. Nelayan 32

### CROSSFIT WANDERLUST
In Canggu vind je meerdere kleine CrossFit-boxen, maar Wanderlust is de grootste en meest populaire. Je kunt er zelf trainen of meedoen aan een van de lessen.
@crossfitwanderlust_bali
📍 Jl. Raya Padonan 6

### CANGGU NEST
Fit blijven of worden tijdens je vakantie? Bij deze kleinschalige sportschool voel je je al snel thuis en kun je terecht voor fitness, groepslessen of personal training.
@canggunest
📍 Jl. Pantai Berawa 105
(op de 2e verdieping)

INSIDER TIP //
**Febi & Tipi Jabrik** Balinese ondernemers @febjabrik en bekende Balinese pro-surfer @tipijabrik. Eigenaren van @ninetyonebali en @kostahostel
Surf in Legian of Bingin. *Sla de lokale cuisine niet over: warung Made in Seminyak, Melati in Legian en Bu Mi in Canggu. Bezoek een tempel om Bali echt te ervaren, zoals Pura Petitenget, Besakih of de Pura Dalem in Monkey Forest in Ubud. Verblijf in Ubud bij The Ubud Village Resort. En tot slot: laat je masseren door een masseuse van Suku Spa of Jari Menari.*

# YOGA & SPORT

The Canggu Studio

# SHOPPEN

The Cove

### THE COVE ♥

Neem een lege koffer mee naar Bali. Want als je hier binnen loopt, wil je meteen alles kopen. Je shopt in deze ultiem stijlvolle winkel items die op het eiland geïnspireerd zijn, van linnen zomerpakjes tot de mooiste keramiek voor thuis. Ga daarna voor een lekkere lunch naar Milk & Madu, dat ertegenover ligt.
@cove_island_essentials
Jl. Pantai Berawa

### YOLI & OTIS

Wie bewust wil winkelen is bij het merk Yoli & Otis uit Byron Bay aan het juiste adres. Je vindt in deze concept store de mooiste eco-vriendelijke outfits, ook voor de allerkleinsten. Ze staan erom bekend dat alle kleding en verpakkingen ecologisch zijn en geverfd met natuurlijke kleurstoffen uit planten en kruiden.
@yoli_and_otis
Jl. Pantai Berawa 12a

### JUNGLE TRADER

In deze tropisch gestijlde interieurwinkel kun je heerlijk verdwalen tussen de exotische producten, Indonesische kunstwerken en vintage vondsten. Het is ook dé winkel waar we vaak unieke cadeaus en souvenirs shoppen.
@thejungletrader
Jl. Pantai Berawa 46

#### JANE DOE
In het hippe Canggu kan natuurlijk een hippe vintagewinkel niet ontbreken. Van vintage denim tot jarenzeventigflares, maar ook shop je er outfits van lokale designers.
@janedoe_store
Op de 'shortcut'

#### WANDERLUST
Je hoeft je bikini niet in te pakken naar Bali, want die wil je hier kopen! Deze winkel heeft de meest uitgebreide en trendy collectie aan bikini's en badpakken, voor iedereen is er wel iets te vinden. Je vindt ze ook in Seminyak.
@wanderlust_swim
Jl. Pantai Batu Bolong 76

#### LES BASICS
Houd je op reis van gemakkelijke basics en zomeroutfits? Stap dan zeker even bij deze hippe winkel naar binnen in hartje Canggu. Behalve voor je eilandoutfit ben je hier aan het goede adres voor leuke bikini's, zonnebrillen en sieraden.
@les.basics
Munduk Catu 1 (naast Gypsy Cafe)

#### KINSHIP ♥
Deze lege kledingfabriek is omgetoverd tot waanzinnig stijlvolle co-working space. Ook kun je er binnenlopen voor exposities en meedoen aan workshops. Huur je eigen bureau of schuif aan op een van de flexplekken.
@kinshipstudiobali
Gg. Jalak VI B

#### WILDTHINGS COLLECTABLES
De Nederlandse Leanne startte op Bali haar sieradenmerk en heeft nu ook in Canggu een eigen winkel. De finesse van haar sieraden zie je ook terug in het minimalistische interieur.
@wildthings_collectables
Jl. Nelayan 78

## SELF-LOVE

#### JET BLACK GINGER ♥
Neem plaats in een van de roze velvet schelpstoelen en laat je ultiem verwennen. Deze salon gerund door de Australische hairstylist Rianni is onze go-to spot voor *mani pedi's* en voor een heerlijk haarmasker of knipbeurt.
@jet_black_ginger
Gang Jalak 20, Berawa

#### SPRING SPA
Er is niks lekkerder dan na het strand in deze luxe salon even te ontspannen met een massage, manicure of verfrissende facial. Zelfs voor kids hebben ze leuke behandelingen zoals een mini-massage, voetbadje en nagels lakken.
@spring_spa
Jl. Pantai Batu Bolong 83

#### AMO SPA
Bij deze opvallend grote beautyspa in hartje centrum kun je terecht voor alle behandelingen die je maar kunt bedenken. In het wellnessgedeelte

The Cove

Les Basics

Jungle Trader

Yoli & Otis

CANGGU

relax je in de jacuzzi met uitzicht op de rijstvelden. **Tip:** probeer hun *icebath*! Binnenin vind je ook een gezellig café.
@amospabali
Op het kruispunt van Batu Bolong

### SOAPSTORY

Verwen jezelf met een bezoekje aan deze winkel. In het minimalistische interieur staan de fijne, *chemical*-vrije producten van My Soap Story prachtig uitgelijnd voor je klaar. Ook in Ubud.
@my.soapstory
Jl. Pantai Berawa 50

### FEMME TATTOO HOUSE & HOMME TATTOO HOUSE

Wil jij het ultieme souvenir mee naar huis nemen: een tatoeage? Bij Femme en Homme Tattoo in Batu Belig, nabij Seminyak, kun je terecht voor een perfect werkje met inkt. Nog geen inspiratie wat je wilt laten zetten? Check hun Instagram-account.
@lafemmetattoohouse
@hommetattoohouse
Jl. Batu Belig 19

### MARIA CURAU

Via sluiproutes door de rijstvelden kom je uit bij deze mooie nagel- en massagesalon met uitzicht op de rijstvelden in Pererenan. Alle producten zijn plantaardig en op natuurlijke basis – en ze staan bekend om de mooiste 'nail-art'.
@mariacurau_bali
Jl. Munduk Kedungu 45

Maria Curau

Soapstory

Jet Black Ginger

# SEMINYAK

## GENIETEN VAN HET GOEDE EILANDLEVEN



Seminyak is wellicht het beste te omschrijven als de plek met de meeste *city vibes* op het eiland. Hier kom je niet als je schrikt van drukte (verwacht veel verkeer en toeristen), maar wel voor de gezelligste restaurants, bars, mooiste boetieks, souvenirshops, interieurwinkels, luxe spa's, *pool villas*, resorts en natuurlijk dé plek om de hele dag te chillen op je strandbedje of te leren surfen van de locals. In deze levendige strandplaats is altijd wel wat te beleven!

Seminyak Beach

# SEMINYAK

Wat ons vooral blij maakt aan Seminyak is: het eten. Van ontbijt tot brunch, koffie en cakes, lunch tot diner, als echte *foodies* kunnen wij gerust hele dag door van restaurant naar restaurant hoppen. Er is uit elke smaakstreek en voor elk budget wat te vinden. In de ochtend ga je voor de overheerlijke *big boss brekkie* met gezonde green juice bij vegan café KYND, daarna haal je een *barista iced cappuccino* bij Revolver, vervolgens eet je de beste *nasi campur* op het eiland bij Warung Melati, dan als tussendoortje even een acai bowl bij Nalu Bowls en de dag sluit je af met pizza bij zonsondergang met uitzicht over de oceaan bij Potato Head. O, en voor een (extra) toetje stop je nog even bij Biku voor de lekkerste chocolade- en carrotcake in town. En dat allemaal voor een heel betaalbare prijs.

*"In Seminyak kom je voor de restaurants, shops, spa's en om te chillen op je strandbedje of te leren surfen van de locals."*

Seminyak vind je aan de westkust van Bali op ongeveer 30 minuten afstand van het vliegveld. Net boven Kuta (een plek die je bewust niet in ons boek vindt, omdat deze toeristische stad veel weg heeft van het Salou van Bali) en onder *surfer town* Canggu. Je huurt hier voor nog geen vijf euro per dag een scooter, pakt een taxi (verwacht dan wel af en toe file) of struin op je gemak te voet de straten door. Door Seminyak loopt parallel aan het strand een lange straat die de plaats op organische wijze in de buurten *Legian*, *Oberoi* en het meer upscale *Petitenget* opdeelt.

Seminyak Beach

# ETEN & DRINKEN

Kynd Community

### KYND COMMUNITY 🌴 ♥

Ongetwijfeld het meest geïnstagramde café op Bali, en als je er bent begrijp je heel goed waarom. In het roze gestylede 100% vegan café blijf je maar foto's maken. Op het all-day menu (ze zijn 's ochtends al open vanaf 6 uur) vind je de kleurrijkste juices, smoothiebowls, burgers, saladebowls en de lekkerste plantaardige cakes. Probeer ook een vegan ijsje bij KYND Creamery.
@kyndcommunity
📍 Jl. Petitenget 12

### CAFÉ KIM SOO 🌴 ♥

Na jaren de nummer één-spot te zijn als interieurshop, besloot Kim Soo voor haar winkelend publiek een gezellige koffiehoek met terras te openen bij de winkel. Dat werd iets populairder dan verwacht en het is inmiddels een van de leukste en stijlvolste cafés van Seminyak. En ideaal, want je shopt er de leukste souvenirs voor in je huis. **Tip:** wil je de drukte vermijden, ga dan voor een *early birdy*-ontbijtje (neem de pompoenhummus op toast!).
@kimsoohome
📍 Jl. Kayu Aya 21

### SEA CIRCUS

In dit feelgoodcafé in een kleurrijk en speels interieur, zit je altijd goed voor ontbijt, lunch of diner. Ook schuif je er 's avonds gezellig aan aan de margarita bar. **Tip:** probeer hun Acai bowl!
@seacircus
📍 Jl. Kayu Aya 22

### COFFEE CARTEL ♥

Mocht je ooit een knalroze *beetroot latte* willen proberen, dan ben je hier aan het goede adres. Dit all-day health café is vooral ook een populaire werkspot onder de digital nomads.
@coffeecartelbali
📍 Jl. Lebak Sari 18

### CAFÉ BALI

Wanneer we een avondje met vrienden of familie gaan eten, schuiven we het liefst aan in het gezellige & authentieke interieur van Café Bali midden op de 'eetstraat' in Oberoi. Van dim sum tot zalm met spinazie, voor elk wat wils. En omdat een van de eigenaren een Nederlandse vrouw is vind je er zelfs bitterballen op het menu.
@cafebaliseminyak
📍 Jl. Kayu Aya

Nalu Bowls Umalas

Café Kim Soo

### SISTERFIELDS

Hier staan vanaf 's ochtends vroeg al de rijen voor de deur. Met stip het populairste café in het bruisende Oberoi, en we geven ze groot gelijk. Want: lekker eten mooi interieur en goede koffie.
@sisterfields
Jl. Kayu Cendana 7

### BO & BUN

Een van de vele Vietnamese restaurants in Seminyak, en volgens ons de lekkerste! In deze rustieke bistro staan exotische smaken op het menu, van heerlijke *pho's* tot pittige curries.
@boandbun
Jl. Raya Seminyak 26

### POTATO HEAD'S KAUM, IJEN, PIZZA GARDEN & KATAMAMA ☀ ♥

Eén strandclub, vier restaurants. Met uitzicht over de Indische oceaan en tafeltjes onder de palmbomen. Vis eet je bij 'zero-waste'-restaurant Ijen. Culinair Indonesisch bij Kaum. Op het dakterras eet je pizza en in het aangrenzende hotel Katamama ga je voor mediterraans chic.
@potatoheadbali
Jl. Petitenget 5 IB

### MANNAKA ♥

Over koffie gesproken, de echte liefhebber kan dit piepkleine, minimalistische Japanse koffiebarretje niet overslaan. Hier hebben ze het koffiemaken tot kunst verheven.
@mannaka.bali
Jl. Petitenget 19

### REVOLVER ESPRESSO

Tijdens het winkelen op Oberoi Street duik je voor een cafeïne-kick deze knusse barista koffiezaak in, volgens velen de lekkerste koffie op het eiland.
@revolverespresso
Jl. Kayu Aya 3

### BIKU 🌴

Dit restaurant in traditioneel Indonesische joglostijl is favoriet bij lokale expats. Onze go-to spot voor een high tea of sfeervol diner. Ook kun je bijna alles kopen wat je om je heen ziet. Belangrijk ps: de chocoladecake is de beste in town.
@bikubali
Jl. Petitenget 888

### LA BARACCA 🌴

Onze nummer één Italiaan (ook in Canggu en Uluwatu!). Neem plaats in het rustieke interieur van deze knusse spot langs de weg. Naast de klassiekers kun je er terecht voor glutenvrije pasta en vegan pizza; sla de tiramusu niet over!
@labaraccabali
Jl. Petitenget 9

### NALU BOWLS

Bij het ultieme eilandleven kan een smoothie bowl natuurlijk niet ontbreken! Geïnspireerd op Hawaii (*Nalu* betekent 'wave') vind je de welbekende bowls. Je vindt Nalu Bowls over heel Bali, van Canggu tot Ubud tot de Gili-eilanden.
@nalubowls
Jl. Drupadi 1
Jl. Umalas 1 (bij Nook)

Coffee Cartel

Sea Circus

Potato Head Beach Club

Coffee Cartel

SEMINYAK

### DAHANA DOG

Deze Japanse tuin met zwembad vind je verborgen aan de rand van Petitenget. Ons favoriete restaurant voor een avondje sushi en Japanse gerechten. Boven kun je ook bij Kajin aanschuiven, en *next door* bij Rayjin eet je een wat luxere Japanse maaltijd.
@dahanabali @kajinbali @rayjinbali
Jl. Petitenget 98

### SHELTER

Of je nu even een kokosnootje wilt drinken tijdens het winkelen of uitgebreid wilt lunchen, Shelter is een geliefd healthfoodcafé, verborgen op een dak in een zijstraat van Seminyak street. Ook vind je hier hun shop waar je allerlei leuke hebbedingen kunt scoren.
@shelterseminyak
Jl. Drupadi

### WARUNG MELATI

Warung Melati is al meer dan tien jaar een begrip onder de locals en expats. Hier vind je te beste nasi campur van het eiland. Zorg ervoor dat je vroeg gaat, het wordt er nogal druk. **Tip:** zet je Google maps aan want het zit goed verborgen in een local buurtje.
@warungmelatilegian
Jl. Nakula 5

### MADES WARUNG

Schuif aan voor een gezellige avond met authentiek Indonesisch eten en Balinese dansoptredens. Toen de straten van Seminyak nog stoffige zandweggetjes waren, was (de toen nog kleine) Mades Warung al een begrip. Inmiddels is het uitgegroeid tot een groot restaurant en is het erg leuk voor families.
@madeswarung
Jl. Raya Seminyak

La Lucciola

Warung Melati

### LA LUCCIOLA ♥

Eten bij La Lucciola hoort thuis op je Bali Bucketlist. Vanaf je tafel kijk je zo uit op zee. Wij komen hier al jaren voor een uitgebreid ontbijt in het weekend.
@lalucciolabali
📍 Petitenget Beach

### CORNER HOUSE

Hier ontbijten we regelmatig en vind je ons voor koffiemeetings. Ook ideaal om hier even een pitstop te maken tijdens het winkelen bij de leukste boetieks op Oberoi Street.
@cornerhousebali
📍 Jl. Laksmana 10

### W BALI

Een begrip op Bali is de *Sunday Brunch* bij hotels. Schuif bij W Bali aan voor een luxe all-you-can-eat buffet. Ook fijn: uitbuiken aan het zwembad.
@wbaliseminyak
📍 Jl. Petitenget

## UITGAAN

### DA MARIA

Zin in een avondje Italiaans, en daarna nog even een dansje doen bij de *dj booth*? Bij Da Maria zit je goed. Na tien uur 's avonds kun je zelfs terecht voor een pizzaatje aan de bar.
@damariabali
📍 Jl. Petitenget

### LA FAVELA ♥

Dansen in de jungle? Dat doe je bij het extravagante La Favela. Na uitgebreid gedineerd te hebben bij een van de leuke restaurants op Oberio Street loop je daarna bij La Favela naar binnen voor een drankje en dansje.
@lafavelabali
📍 Jl. Laksmana 177

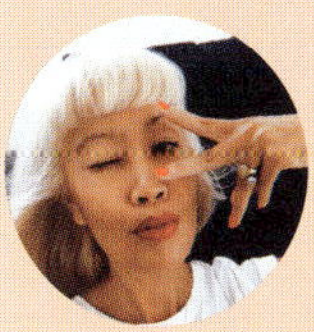

INSIDER TIP //
**Yenny Leung** Creative consultant. In 2010 van Amsterdam naar Bali verhuisd.
*Mijn ultieme tip voor Bali is: stay local. Duik onder in de immens rijke Balinese cultuur. Ga eten bij de warungs (lokale eethuisjes) en vraag om de* sambal matah *voor wat spice. Probeer een ceremonie bij te wonen, bijvoorbeeld voor de volle maan waar je naar de lokale tempel gaat en met de hogepriester bidt en* canang sari *(bamboe offertjes met bloemen en rijst) brengt aan de goden.*

**ALILA HOTEL € € €**
Voor een hotel aan het strand ga je voor het luxe Alila. Niet goedkoop (zo'n 250 euro per nacht inclusief ontbijt) maar zeker aan te raden als je bijvoorbeeld even ultiem wilt genieten, of wilt bijkomen van je jetlag de eerste dagen. Met drie infinity zwembaden, spa, een uitgebreid (seafood) restaurant en prachtig uitzicht op de sunset.
@alilaseminyak
📍 Jl. Taman Ganesha 9

**THE ISLAND HOUSES 🌴 ♥ € € €**
Als er een award zou zijn voor meest uniek ingerichte villa's dan zouden The Island Houses de winnaar zijn. Hier waan je je in een andere wereld, en zit je toch in hartje Seminyak achter het bruisende Oberoi street. Het complex heeft zes uniek gestylede privéboetiekvilla's met zwembad en tropische tuin, elk met een eigen designthema. Ook hebben ze twee fantastische huizen op Gili Meno.
@theislandhouses
📍 Jl. Sari Dewi 29, Oberoi

**BROWN FEATHER HOTEL € €**
Een heerlijke plek op een goede locatie om te slapen in Seminyak is Brown Feather Hotel. Het interieur is er vintage en de kamers zijn simpel maar erg fijn. Weet wel dat het geen zwembad heeft, dus het is vooral ideaal wanneer je van plan bent om lekker veel op pad te gaan.
@brownfeatherhotel
📍 Jl. Batu Belig 100

**KOSTA HOSTEL €**
Zoek je een low-budgetplek in Seminyak waar je ook medereizigers kunt ontmoeten? Dan verblijf je bij het gezellige Kosta in een van de stapelbedden. Je krijgt veel waar voor je (weinige) geld, want ze hebben een heerlijk restaurant, zwembad en regelen surflessen voor je. Nu ook in Canggu Berawa geopend.
@kostahostel
📍 Jl. Dewi Saraswati III

**KATAMAMA € € €**
Voor de creatieve, luxe reiziger is dit architectonische bouwwerk een must om te verblijven. Elk detail in dit hotel is handgemaakt door lokale ambachtslieden. Als gast krijg je ook toegang tot een uniek cultureel programma, van yoga tot keramiekworkshops. In het indigo-gekleurde restaurant kun je mediterraans eten of overdag rustig werken. Vanaf het einde van de dag creëert aangrenzende bar Movida de lekkerste cocktails.
@katamama_hotel
📍 Jl. Petitenget 51
(ingang via Potato Head Beach Club)

**LLOYDS INN € €**
Dit betaalbare boetiekhotel is een fijn slaapadresje in Seminyak op loopafstand van het strand. Ideaal voor je laatste dagen op het eiland om nog even de laatste golven te pakken en souvenirs te shoppen.
@lloydsinn
📍 Jl. Arjuna, Seminyak

# SLAPEN

The Island Houses (desu house)

The Colony Hotel

**THE COLONY HOTEL** 🌴 **€ € €**

Verstopt tussen de leukste winkels en cafés in Seminyak en op loopafstand van het strand vind je The Colony Hotel & The Colony Club *next door*. Stijlvolle hotelkamers en suites omringen een langgerekt zwembad, waar je in alle rust bij kunt komen na je dagje shoppen. Weet wel: het is een 'kindvrij' hotel, dus (helaas) een no-go voor gezinnen.
@thecolonyhotelbali
📍 Jl. Laksmana 22

**HAPPY TOGETHER € €**

Waarschijnlijk het meeste knusse en toch hippe plekje om te slapen in Seminyak is Happy Together. Dit kleine, roze huisje staat op een toplocatie in een rustig straatje vlak bij het bruisende centrum. En naast The Straw Hut.
@happytogetherbali
📍 Jl. Jalan Sari dewi, Gg. Kresna

Alila Hotel

# STRAND, SURFEN & BEACH CLUBS

High Tide by Switch

### MANO BEACH HOUSE ☀

Als je bij Mano binnenloopt krijg je meteen een exotisch gevoel. Kies voor een plekje onder de rieten parasol op een rotan ligbed bij het zwembad, of schuif aan voor een ontbijt, lunch of dinnerdate met uitzicht over Petitenget Beach. Wij gaan hier graag heen om naar de sunset te kijken.
@manobeachhouse
📍 Petitenget Beach

### MRS. SIPPY ♥

Oké, officieel geen strandclub maar een… poolclub. Overgewaaid uit Australië is dit voor de party-liefhebbers de hotspot om de hele dag te relaxen en te dansen. Of spring van de iconische duikplank in het zoutwaterzwembad – als je maar weet dat er zo'n duizend mensen meekijken.
@mrssippybali
📍 Jl. Petitenget

### POTATO HEAD ♥ ☀

Terwijl je door de palmbomen naar de golven staart, neem je een slok van je cocktail. In het zwembad, aan de bar. Jawel, bij Potato Head Beach Club geniet je optimaal van het eilandleven. Je kan een bedje huren voor de hele dag en ze hebben er regelmatig leuke feestjes.
@potatoheadbali
📍 Jl. Petitenget 5 IB

### HIGH TIDE BY SWITCH

Op het strand bij Double Six staat deze gezellige hangout met zomerse parasols. Neem plaats voor een lekker broodje met kokosnootje én boek er ook je surfles.
@hightidebyswitch
📍 Op het strand ter hoogte van het Jayakarta hotel

### SEMINYAK BEACH 🌴

Seminyak Beach is een gezellig strand. Bruisend met locals, surfers, toeristen, families, verkopers op het strand (van vers fruit tot mooie sarongs en kettinkjes), hondenuitlaters, joggers… Seminyak is echt een strand voor iedereen! Het uitgestrekte zandstrand is ook ideaal om een lange strandwandeling te maken. Je huurt een strandbed voor ongeveer zes euro voor een hele dag. Aan het einde van de dag komen de gitaren te voorschijn en wordt er tijdens zonsondergang overal een gezellig drankje gedronken.

**Surf:** Op de leuke zandbreaks van Seminyak kan iedereen surfen, van beginners tot gevorderden. Boek een les of een surfboard bij een van de lokale strandstandjes. Wil je bij een surfschool lessen volgen, dan vind je bij Legian de Ripcurl Surf school.

### F45 🌴

Als je op zoek bent naar dé workout voor je ultieme bikinibody, dan zit je bij F45 goed. De naam zegt het al, 45 minuten, uitdagende high intensity fitnessworkouts (voor elk niveau). Je vindt ze nu ook in Canggu.
@f45_training_seminyak
@f45_training_canggu
📍 Jl. Batu Belig

### SOHAM

Soham is een luxe gym in het midden van Seminyak met alle voorzieningen die je nodig hebt voor een fijne fitnesssessie en leuke groepslessen. Vooral leuk: na je training duik je buiten in het zwembad en relax je na op een van de ligbedjes met een proteïneshake.
@soham_wellnesscenter
📍 Jl. Lebak Sari 7

### PRANA YOGA

Dit door India geïnspireerde exotische hotel biedt elke dag yogalessen aan, in een serene studio boven in het hotel. Combineer met een bezoekje aan de luxe spa en hammam. Niet goedkoop, maar wel een van de beste massagespots op het eiland.
@pranaspabali
📍 Jl. Kunti I 18

### MOTION

Naar Motion ga je voor je dagelijkse groepslessen, van Pilates tot de ultieme bootyworkout. Daarna kun je meteen door voor een gezonde vegan maaltijd bij het tegenovergelegen KYND.
@motionfitnessbali
📍 Jl. Petitenget 8

### DESA SENI

Tussen Canggu en Seminyak in vind je Desa Seni. Een eco-resort waar je fijne yogalessen kunt volgen in een openluchtstudio. Ook leuk om te combineren met een verblijf of bezoekje aan het restaurant.
@desaseni_avillageresort
📍 Jl. Subak Sari 13

INSIDER TIP //
**Arnaud Bouteiller** Vriend van Pris, Surf coach, eigenaar @balibowls in Biarritz en villa @casasoleilbali.
*Als je wilt leren surfen op Bali ga dan naar Seminyak Beach. Neem minstens twee lessen (bij de locals) voordat je alleen het water in gaat. Zorg ervoor dat je genoeg water drinkt en verwacht spierpijn! Na het surfen op Seminyak beach eet je een sandwich bij High Tide op het stand.*

# YOGA & SPORT

# SHOPPEN

Kim Soo

### JALAN DOUBLE SIX & SEMINYAK

De leukste lokale souvenirs, kleding en (strand)accessoires shop je op Double Six Street. Deze weg loopt vanaf hoofdweg Seminyak Street tot aan het strand. Vergeet niet flink af te dingen op de prijs, dat hoort erbij!

### JALAN OBEROI

Rondom Seminyak Street vind je allerlei winkels, maar als je eenmaal aangekomen bent op Oberoi Street ga je echt hebberig worden. Je vindt hier de mooiste boetieks, sieradenwinkels en woonaccessoirewinkels, en onderweg stop je bij een van de leuke restaurants en koffietentjes.

### JALAN PETITENGET

Na Oberoi kronkelt de weg naadloos over in Petitenget. Hier vind je nog meer luxe boetieks, interieurwinkels, maar ook nog steeds de lokale standjes en marktjes, waar je heel goedkoop leuke kleding, tassen, hoedjes en andere accessoires scoort.

### JALAN KEROBOKAN

Een weg die je normaal nooit in zou lopen of rijden, omdat er bijna altijd file staat. Maar als jij een fanaat bent van interieurwinkels dan ga je hier ondanks de drukte heel blij worden. De straat is namelijk gevuld met de mooiste winkels met accessoires voor je huis, van de mooie Bali-manden en kokosnoot-kommetjes tot rotan lampen en designmeubels. De straat loopt vanaf Sunset Road tot aan de fruitmarkt op Lio Square. Daar sla je daarna vervolgens links af in de richting van Petitenget om even bij te komen in een van de vele leuke cafés.

### KIM SOO 🌴 ♥

Als we één winkel moeten noemen waar je echt heen moet voor (interieur) accessoires, dan is dat Kim Soo. In de winkel betrap je bezoekers er regelmatig op dat ze ook even een Instagram-foto maken, want het bijbehorende café, interieur en het zwembad achterin zijn très fotogeniek.
@kimsoohome
📍 Jl. Petitenget 21

### GOOSEBERRY INTIMATES 🌴

De enige winkel van het internationaal beroemde lingerie- en bikinimerk Gooseberry Intimates vind je op Bali. Je gaat hier niet met lege handen naar buiten, een ware snoepwinkel voor vrouwen.
@gooseberryintimates
📍 Jl. Raya Petitenget 117

## THE BALI TAILOR

Bali staat ook bekend om alle leuke winkels waar je custom leren jassen, tassen, schoenen en noem het maar op te laten maken. Ons favoriete adres hiervoor is The Bali Tailor. Nu ook in Canggu.
@thebalitailor
📍 Jl. Beraban 67

## DRIFTER

Bij deze surfconceptstore vind je de tofste swimwearlabels en onafhankelijke (surf)merken, maar ook surfboeken, surfboarden en -fotografie. Ook in Canggu en Uluwatu.
@drifterbali
📍 Jl. Laksmana, Oberoi

## CANAAN

Voor de designliefhebber is de woonaccessoire- en designwinkel Canaan dé snoepwinkel op Bali. Elk product dat je hier koopt is gemaakt door lokale artisans en zorgvuldig tentoongesteld door eigenaresse Emmelyn. Van stijlvol keramiek tot indigo kleden. En zojuist is er een tweede vestiging geopend op Jalan Drupadi met daarbij hippe koffiezaak Rou.
@canaan_bali
📍 Jl. Petitenget 51 B
📍 Jl. Drupadi 11

## BALI BOATSHED

Opvallend kleurrijke hutjes vormen de winkel Bali Boatshed. Ze verkopen kleding en accessoires van internationale

Gooseberry Intimates

Seminyak Street

merken die op Bali worden geprodu-
ceerd. Daarna kun je een acai bowl eten bij het bijbehorend Sea Circus of bovenin bij Neon Palms een ijskoud drankje drinken.
@baliboatshed
Jl. Petitenget 55

### BEACHGOLD

Zwierige jurken en zomerse resortkleding koop je bij Beachgold. Ontworpen door een Australische familie die al meer dan dertig jaar op het eiland woont.
@beachgoldbali
Jl.Laksmana

### ESCALIER

Voor de fashionista's is er Escalier. Naast Potato Head vind je deze inspirerende high-end fashionwinkel, met hippe (zwem)kleding en accessoires van internationale merken en talentvolle lokale ontwerpers.
@escalierstore
Ingang van Potato Head

### ZUTTION

Als er ook voor de kids geshopt moet worden, ga dan zeker naar Zuttion. Coole (matching) outfits en zwemkleding, voor het hele gezin.
@zuttion_clothing
Jl. Oberi 49

### MAGALI PASCAL

Deze high-end eilandboetiek staat bekend om haar elegante kleding met bohemian inslag. Van kanten en zijden slip dresses tot zomerse linnen blouses. Je vindt ze ook in Canggu op Jl. Batu Bolong.
@magalipascal
Jl. Kayu Aya 177x

*Tip: Houd ruimte in je koffer, want in Seminyak kun je geweldig shoppen.*

# SELF-LOVE

The Cottage Beauty House

### ROB PEETOOM 🌴 ♥
De Nederlandse haargoeroe Rob Peetoom is al jaren op zijn geliefde eiland Bali te vinden. Daarom opende hij hier ook zijn salons. En in Seminyak wel een hele speciale: hier kun je je laten verwennen in een hairspa met uitzicht op de rijstvelden. Met een massage, haarmasker, en nog meer heerlijks. Een absolute aanrader!
@robpeetoombali
📍 Jl. Petitenget 16

### LA BEAUTÉ 🌴
Nu kunnen we je natuurlijk wel alle hippe salons noemen, maar stiekem is de lokale (goedkope) salon bij je in de straat toch wel gewoon het allerleukst. De gezelligheid met de Balinese dames, giechelen over de laatste dorpsnieuwtjes en een stevige massage of beautybehandeling met lokale producten. Zo'n salon is bijvoorbeeld La Beauté. Onze go-to spot voor het traditionele 'creambath' met hoofd- en schoudermassage.
@labeautesalonbali
📍 Jl. Pengubengan Kauh 18

### THE COTTAGE BEAUTY HOUSE ♥
Je vindt deze gezellige salon aan de rand van Seminyak. Ons relaxadresje voor een lekkere mani-pedi. Ook zijn ze de beste spot voor een spray-tan en wimperextensions.
@thecottagebeautyhousebali
📍 Jl. Batu Belig

### SPRING SPA
Op de bovenste verdieping van het winkelcentrum 'Seminyak village' en in Petitenget vind je Spring Spa. Er is niks lekkerder dan na het strand in deze luxe salon even te ontspannen met een massage, manicure of verfrissende facial. In Canggu heeft Spring een nog luxere salon geopend.
@spring _spa
📍 Jl. Petitenget en Seminyak Village

### KI
Niet uitgebreid naar de spa, maar even een uur of anderhalfuur een stevige Balinese of shiatsumassage voor niet meer dan 10 euro? Dan moet je naar Ki. De massagetafels zijn gescheiden door gordijntjes, en er staat rustgevende muziek op. Heerlijk om even op weg te snurken. Je vindt ze aan het einde van Sunset Road aan de linkerkant naast de Japanse Warung KZU (overigens ook een lekker adresje om te lunchen!)
@ki.shiatsu
📍 Jl. Raya Sunset Road

### SPA AT PEPPERS SEMINYAK
Een speciale gelegenheid? Check dan vooral de heerlijk luxe hotel spa's, zoals die van Peppers. **Tip:** hier kan je ook als niet-gast de hele dag nog bij het (buiten) zwembad vertoeven.
@pepperseminyak
📍 Jl. Pura Telaga Waja

WELCOME TO
DECK CHAIR For Rent

# ULUWATU

## LET'S GET SALTY.

Liefhebbers van strand, surfen, zonnen en chillen… dit is jouw plek. We nemen je mee naar een van onze favoriete gedeeltes van Bali, dat je volgens ons écht niet mag missen: *de Bukit*. Het zuidelijkste puntje van Bali, wat letterlijk *'heuvel'* betekent in het Indonesisch. Als je overdag met het vliegtuig aankomt op Bali, dan kun je de grote rotsformaties in het zuiden al uit de oceaan zien oprijzen. Hier aan de zuidkust van het eiland vind je de mooiste stranden, 's werelds meest beroemde surfspots, tropische slaapplekken (mét uitzicht over de oceaan), Balinese tempels en de meest spectaculaire zonsondergangen.

# ULUWATU

Sinds de jaren zeventig is dit gebied al het mekka onder surfers. Je vindt er namelijk 's werelds beste golven, dus ontmoet je hier surfers van over de hele wereld en zijn er internationale surfcompetities. Deze heerlijke *beachvibe* voel je dan ook overal in het zuiden van Bali.

Ook hier kun je van low budget tot super-de-luxe eten en overnachten. Van een bamboe bungalow en stijlvol boetiekhotel tot luxe poolvilla en resort met privéstrand. Dus ultiem geschikt voor elk type reiziger, of je nu solo reist, met je gezin, met je geliefde of een hele vriendengroep. Toen we net op Bali kwamen wonen, was het hier nog moeilijk een lekker koffietje of een gezonde maaltijd te scoren. Maar inmiddels zijn hier ook al de leukste cafés neergestreken, dus vertoef je hier als *foodie* enorm goed.

Elk strand heeft een eigen weg ernaartoe en ze zijn niet met elkaar verbonden zoals aan de westkust. Het zuiden van Bali verken je daarom het beste met de scooter (of als je geen scooter rijdt: met de taxi, of huur een eigen auto met of zonder chauffeur). Je kunt er een dagtrip van maken, maar nog beter is het om hier een paar dagen te overnachten. Dan kun je namelijk de leukste stranden en mooie plekjes op je gemak ontdekken. Bereid je voor op een workout! Want de voor de meeste stranden moet je via lange trappen naar beneden. Bij de luxere privéstranden ga je met een lift van de klif naar beneden. Helaas hebben een aantal al wel hun charme verloren doordat ze compleet heringericht zijn voor grote resorts en hordes toeristen. Dus maken we voor jou in deze gids een handige selectie van de leukste stranden die een bezoekje waard zijn. **Tip:** De enkele weg ernaartoe kan nogal druk worden, dus vertrek hierheen vroeg in de ochtend.

Uluwatu Surf villas prive opgang

# ETEN & DRINKEN

The Loft

### THE LOFT ♥

Je kent dit Instagrammable café met de roze muur waarschijnlijk al uit Canggu. Maar het is niet alleen mooi voor de foto, je eet hier ook de hele dag lekkere smoothie bowls, salades en andere gezonde gerechten. Ook serveren ze onze favoriete koffie uit Bali: Expat!
@theloftbali
Jl. Labuan Sait 52

### DRIFTER

De allerleukste surfwinkel (**tip:** hier shop je de leukste zwemkleding!). Een prachtige kunstgalerij met een heel leuk café. Maak hier een pitstop voor een overheerlijke koffie met vegan cake, of neem plaats in de tuin achter de winkel om uitgebreid te ontbijten, lunchen of dineren.
@drifterbali
Jl. Labuan Sait 52

### THE PLACE WITH NO NAME

Dit *boho*-stijl restaurantje langs de weg richting Uluwatu is een perfecte pitstop wanneer je het zuiden verkent. Het menu is 'pescetarisch'. Buiten kun je lekker mensen kijken en binnen even ontsnappen aan de Balinese hitte.
@theplacewithnonameinbali
Jl. Labuan Sait

### LA BARACCA & IL SALOTTO

Net als in Canggu en Seminyak is dit ook in Uluwatu onze vaste dinner spot. Omdat 'le boyfriend' van Italiaanse afkomst is, worden er hoge eisen gesteld aan een goede pizza. En die vind je hier! Voor de vegans is er een speciale plantaardige pizza, een must go dus. Zit het vol? No problemo, ze hebben een superleuke bar + tuin naast La Baracca waar je een drankje kunt doen voordat je tafeltje vrij is.
@labaraccabali
Jl. Labuan Sait 10

### GOOSEBERRY BOUTIQUE & CAFÉ

De nieuwste designlingerie, bikini's en badpakken van het merk Gooseberry Intimates, shop je terwijl je in dit idyllische openluchtcafé (met zwembad!) aan je french toast zit.
@wearegooseberry
Jl. Buana Sari, Gang Melali

### CASA ASIA

Laat je niet misleiden door de naam. Dit onopvallende restaurant is een authentieke Italiaan en de 'talk of the town' in Uluwatu, dankzij de overheerlijke pasta's en pizza's.
@casaasia_bingin
Jl. Pantai Bingin

### MANGO TREE CAFÉ

Dit leuke strandcafeetje was er als een van de eerste. Hier raden we je aan een lekker ontbijtje te doen, voordat je stranden in de omgeving verkent of gaat surfen.
@themangotreecafe
Jl. Labuan Sait, Padang Padang

Bingin Beach

**BUKIT CAFÉ**

Verreweg het populairste healthfood-café in het zuiden van Bali. Want niet alleen het eten, de koffie en juices zijn er heerlijk - dit all-day restaurant heeft de perfecte locatie tussen onze favoriete stranden van het zuiden: Bingin en Uluwatu.
@bukit_cafe
Jl. Labuan Sait

**SUKA ESPRESSO**

Dit gezellige, hippe tentje zit dicht bij de leukste strandjes en is dankzij het uitgebreide menu een dagelijkse favoriet bij velen. Van de *avo smash* of pannenkoeken in de vroege ochtend tot vistaco's of vegan curry in de avond, je zit hier de hele dag goed.
@sukaespresso
Jl. Labuan Sait 10

**NALU BOWLS**

Dé ultieme surfsnack is toch wel een smoothie bowl. Geïnspireerd op Hawaii (*Nalu* betekent golf) vind je hier de welbekende bowls. Je vindt Nalu Bowls over heel Bali, van Seminyak tot Ubud tot de Gili-eilanden.
@nalubowls
Jl. Labuan Sait 63

**WARUNG PIPIT**

Er gaat uiteindelijk niets boven een heerlijk bord *nasi campur*. Bij deze gezellige warung in Uluwatu ben je daarvoor aan het juiste adres. Mocht je tafelpartner geen zin hebben in local food, dan kun je er ook terecht voor een lekkere *banana pancake* of een vegetarisch gerecht.
@warungpipit
Jl. Raya Uluwatu 78

**THE CASHEW TREE**

Bij dit tropische healthfood-cafeetje op loopafstand van Bingin Beach zit je altijd goed. Naast een restaurant hebben ze ook een leuke speelplaats voor de kleintjes, een winkel en een sportschool: Bali Training Center.
@thecashewtree.collective
Jl. Pantai Bingin 9

**KELLY'S WARUNG**

Slapen, eten, surfen. Dat doe je hier de hele dag. Een van de eerste én lekkerste cafés op het strand van Bingin – en inmiddels uitgebreid tot gezellige beach hangout.
@kellyswarung
Bingin Beach

**SWAMIS**

Naast Kelly's Warung is Swamis ook zo'n heerlijk strandcafé met uitzicht op de oceaan. Het is op het oog een simpele houten warung, maar het eten is alles behalve dat. Alles is supervers, organic én vegan. De Hobo Salad met tempé en humus is onze favoriet.
@swamisbali
Bingin Beach

Bukit Café

Kelly's Warung

Nalu Bowls Uluwatu

The Place With No Name

**ROLLING FORK**
Bij Rolling Fork eet je de lekkerste homemade pasta's en pizza's. Het is een gezellig restaurant dat doet denken aan een Italiaanse huiskamer. Sla de *limoncello* niet over! **Tip:** de Italiaanse eigenaresse heeft kort geleden ook een kleine pizzeria geopend @doppiozerobali.
@rollingforkbali
📍 Jl. Labuan Sait

**MANA ULUWATU** 🌴 ☀ 🌊
Bij Mana Uluwatu weten ze van goed eten en de beste service. De eigenaren van Uluwatu Surf Villas openden dit stijlvolle restaurant op de top van de klif, en daarmee heb je dus een prachtig uitzicht over de zee. Ze hebben ook een infinity zwembad met bedjes en een leuke winkel in het restaurant met mooie traditionele ikat (geweven) doeken.
**Tip:** begin je dinner date alvast tijdens zonsondergang.
@manauluwatu
📍 Jl. Pantai Suluban

**COCO & POKE**
Poké bowls zijn natuurlijk onlosmakelijk verbonden met het eilandleven. Je vindt dit kleine cafeetje met deze traditionele Hawaiiaanse visgerechten naast Single Fin, bovenaan bij het strand van Uluwatu.
@cocopokebali
📍 Blue Point, Uluwatu (naast Single Fin)

**DUGONG**
Voor een romantisch diner of een speciaal avondje uit, schuif je aan bij Dugong. Vanaf dit hotel-restaurant, een opvallend bamboe bouwwerk, heb je een spectaculair uitzicht over de oceaan. Zorg dat je er alvast bent voor een magische zonsondergang om vervolgens luxe te dineren.
@suargapadangpadang
📍 Jl. Labuan Sait

INSIDER TIP //
**Carolina & Alessandro** Eigenaren van Italiaans restaurant @labaraccabali in Canggu en Seminyak.
*Wij vinden het heerlijk om in onze vrije tijd te zwemmen, te surfen en een Bintang te drinken op het strand bij Seminyak of Echo Beach in Canggu. In het weekend gaan we op pad met de kinderen naar The Bukit of Balian aan de westkust. Favoriete restaurants zijn @ninetyonebali, @macancafe, @sardinebali en nauurlijk ons eigen @labaraccabali!*

Single Fin

# UITGAAN & SLAPEN

Gravity Hotel

### SINGLE FIN

Op het zuidelijkste puntje van Bali, bovenop de rotsen, vind je Single Fin. Begonnen als klein barretje en inmiddels de grootste en populairste *hangout* met het meest adembenemende uitzicht over de beroemdste golven van de wereld. Je danst er niet alleen de zonsondergang in, je kunt er ook terecht voor ontbijt, een lekkere lunch of een uitgebreid diner in de avond. **Tip:** iets speciaals te vieren? Boek een viptafel met gegarandeerd het mooiste uitzicht.
@singlefinbali
Blue Point, Uluwatu (op de top aan de rechterkant)

### HATCH

Van hiphopfeestjes tot Taco Tuesday. Hatch is een gezellige hippie club waar je kan eten en dansen.
@peaceloveandhatch
Jl. Labuansait No.54

### DREAMSEA SURF € €

Wakker worden met het geluid van de zee en uitzicht op de beste surfspots Bingin & Impossibles. Dreamsea Surf is meer dan een verblijf. Het is een paradijselijke *island escape* en heeft simpele, maar mooi ingerichte kamers met een bohemien vibe, een café (pas op voor de apen!), een dakterras met hangmatten, een privéstrand en dagelijkse yoga- en surflessen.
@dreamseasurf
Jl. Labuan Sait 32

### LULLABY BUNGALOWS €

Deze tropische bed & breakfast vlakbij Padang Padang beach is een echte aanrader. Je slaapt in een van de knusse bungalows rondom het zwembad.
@lullabybungalows
Jl. Labuan Sait 39

### NATURELA HOMESTAY €

Verblijven om de hoek van de leukste strandjes? Deze kleinschalige bed & breakfast met de liefste medewerkers is een goede low-budget optie. Er zit ook een leuk café bij met dezelfde naam.
Jl. Labuan Sait

### SAL SECRET SPOT € €

Met dezelfde Portugese eigenaren als Gravity Hotel, is ook Sal Secret bij Bingin Beach een fiesta voor het oog. Ze hebben twee locaties: de een met kamers en uitzicht op zee. En de ander op loopafstand, waar de huisjes in een tropische tuin en rondom het zwembad staan. Deze laatste is onze favoriet, mede dankzij de tropische bar!
@sal_secret_spot
Jl. Pantai Bingin, Gg. Mertasari 2

### GRAVITY € €

Als je bij het fotogenieke Gravity hotel binnenloopt, waan je je meteen op Mykonos of Yucatán. Je slaapt er in mooi ingerichte witte huisjes in een tropische tuin of rondom een helderblauw zwembad.
@gravity_hotel_bali
Jl. Labuan Sait

*Na een dag surfen, zonnen, eten en rondcruisen, overnacht je in een van de meest waanzinnige slaapplekken van Uluwatu.*

Sal Secret Spot

### MULE MALU ♥ €

Een tropisch paradijsje om te slapen. Je kunt de hele dag aan het zwembad relaxen of wandelt zo naar het dichtstbijzijnde Bingin Beach. De kamers zijn mediterraans ingericht.
@mulemalu
Jl. Pantai Bingin

### LA JOYA 1 & LA JOYA CABANA ♥ € €

Wakker worden met uitzicht op zee, een wandeling maken naar het strand van Balangan en daarna de hele dag chillen onder de palmbomen bij het zwembad of genieten van een Balinese massage. Bij La Joya boek je een tropische cabana, een simpel huisje of zelfs een luxe privévilla.
@lajoyabiubiubali
Jl. Pantai Balangan

### ALCHEMIST ♥ € €

Verstopt richting het strand van Balangan, vind je deze bijzondere plek om te overnachten. Slaap in de boomhut-bungalow of een van de lodges bij het zwembad. Je kunt er ook een pitstop maken voor een lunch in het bijbehorende tropische café.
@alchemist.bali
Jl. Pantai Balangan

### MICK'S PLACE € €

Boven op de klif van Bingin Beach zit Mick's Place. Een ultiem tropische escape met bungalows die zijn geïnspireerd op de Pacific eilanden, met *infinity* zwembad van waaruit je uitkijkt over de Indische oceaan. **Tip:** wil je hier verblijven, boek dan ruim op tijd je plekje, want het is populair!
@micksplacebali
Jl. Pantai Bingin

### SUN & SURF STAY ♥ € 

Klein, maar alles wat je nodig hebt: een bed, een hangmat en uitzicht over de zee. Het witte gebouw van Sun & Surf Stay staat op Bingin Beach, dus je loopt zo vanuit je kamer met je blote voeten het zand op. Wees ook bij dit verblijf op tijd met boeken!
@sunsurfstay
Bingin Beach

### MU BUNGALOWS € €

Begin de dag met yoga en een ontbijtje met uitzicht over de beste surfspots in het zuiden. En eindig met een kokosnoot in je hand genietend van de zonsondergang. Bij Mu waan je je in een tropische oase met een zwembad en bungalows verspreid over het terrein.
@mu_bali
Jl. Pantai Bingin

### ULUWATU SURF VILLAS € € €

Zonder twijfel de meest waanzinnige plek waar we ooit hebben geslapen. Boven op de klif staat de *line-up* van villa's van Uluwatu Surf Villas. Allemaal met eigen zwembad en uitzicht over zee. Ook zijn er huisjes met uitzicht richting de jungle. Met privétrap loop je naar het strand en de beste surfbreak van Bali (wel alleen voor gevorderden

La Joya

Mahi Mahi Villas

Sun & Surf Stay

geschikt). Op het landgoed vind je ook de openluchtstudio van Morning Light yoga en restaurant Mana Uluwatu.
**Tip:** ooit willen trouwen op Bali? Dan is dit dé venue voor de dag van je dromen.
@uluwatusurfvillas
📍 Jl. Pantai Suluban

### MAHI MAHI VILLAS ♥ € € €
Wil je na het strand relaxen in je eigen privéoase? De suites van Mahi Mahi zijn dan de perfecte slaapplek. Het zijn traditionele Indonesische *joglo's*, met een moderne twist en een heerlijk zwembad met hangmat, dat ons aan Tulum doet denken. **Tip:** vraag een *flowerbath* aan, dan kan je die van je Bali bucketlist afvinken!
@mahimahi_bingin
📍 Jl. Pantai Bingin

### MELALI VILLA € €
Altijd al in een luxe villa op Bali willen slapen? In het leukste gedeelte van Bingin, op loopafstand van cafés en het strand, vind je Melali. De villa heeft drie kamers en een klein privé huisje, die apart te boeken zijn. Gezellig om medereizigers te ontmoeten. Of huur de complete villa af, als je met een grotere groep reist.
@melalibingin
📍 Jl. Buana Sari, Bingin Beach

INSIDER TIP//
**Tai Graham** Nieuw-Zeelandse surfer @taibuddha, opgegroeid in Bali en eigenaar van @thelawncanggu en @singlefinbali.

*De perfecte dag in Bali is om 's ochtends vroeg te gaan surfen, daarna te ontbijten in Canggu. Met de familie ga je naar het Waterbomb waterpretpark in Kuta. Ik kom hier al van kinds af aan en het wordt elk jaar leuker. Om de dag af te sluiten ga je tijdens de zonsondergang eten op het strand van Jimbaran. Wel toeristisch, maar er gaat niks boven het bbq'en van verse vis die dezelfde dag nog is gevangen.*

Uluwatu Surf Villas

# STRAND, SURFEN & BEACH CLUBS

Pris surfen in Uluwatu

### BALANGAN BEACH

Een langgerekt, wit zandstrand, vol wuivende palmbomen. Dat is Balangan Beach. De lokale warungs moeten helaas steeds meer plaatsmaken voor hotels en strandclubs, maar toch heeft het z'n charme nog niet verloren. Huur een bedje en relax er de hele dag.

**Surf:** Intermediate & gevorderd. Lange, snelle lefthanders op ondiep rif. Als de golven groot worden een uitdagende spot!

### GREEN BOWL

Ben je klaar voor een workout? Betreed de trap met 250 treden naar beneden. Maar het resultaat is alles waard. Het witte zandstrand is een stukje paradijs, perfect om even rond te dobberen of te surfen. Goed om te weten: het strand is alleen met laag tij te betreden en er zijn geen bedjes en winkeltjes, dus neem je eigen drinken en eten mee naar beneden.

**Surf:** Intermediate & gevorderd. Wees alert op de snelle stroming en het ondiepe rif.

### PADANG PADANG

Wandel tussen de aapjes door via de lange trap naar beneden het strand op. Deze smalle *lagoon* is dé plek om de beste surfers in actie te zien. Het strand is ook bekend van de film *Eat, Pray, Love.*

**Surf:** De linkse spot is voor gevorderden (verwacht grote barrels). Rechts daarentegen vind je Baby Padang. Hier kun je perfect leren surfen en lekker longboarden. Boek een surfles bij een de vele surfscholen langs de weg of op het strand.

### BINGIN BEACH 🌴 ☀ 🌊

Ons favoriete strand op Bali. Wederom even een pittige workout, maar het uitzicht terwijl je afdaalt maakt alles goed. Hier kun je de hele dag relaxen, zonnen, surfen, heerlijk eten bij een van de (vegan) warungs, juices drinken. En de dag afsluiten met een magische zonsondergang en een bbq met verse vis op het strand. Ook kun je er slapen bij een van de vele leuke verblijven, zoals Sun & Surf Stay.

**Surf:** Beginners met hoog tij en geen *swell*, gevorderd met laag tot midhoog tij. Bingin staat vooral bekend om de perfecte barrels. Links van Bingin vind je de linkshandige golf 'Impossibles', alleen geschikt voor de gevorderde surfer.

### ULUWATU / SULUBAN BEACH 🌴 ☀ 🌊

Als je één strand zou moeten kiezen om in Bali te bezoeken, dan moet dat Uluwatu zijn. Deze wereldberoemde plek is ooit ontdekt in de jaren zeventig als 's werelds beste surfspot en trekt dus surfers vanuit heel de wereld. Neem zelf je *sarong* en wat eten en drinken mee. Bij laagtij kun je tussen de rotsen doorlopen (links en rechts) en waan je je in het meest paradijselijke stukje op Bali.

**Surf:** Uluwatu kent drie breaks, Temples, The Peak en Racetracks, alledrie alleen geschikt voor de gevorderde surfer.

### THOMAS BEACH ☀

Dit strandje zou je zo voorbijrijden, want het zit verborgen tussen Padang Padang en Uluwatu. Hier kun je gerust de hele dag relaxen op een strandbedje. Koop je verse kokosnoot en een nasi goreng bij een van de lokale warungs op het strand.

### NYANG NYANG ☀ 🌊

Afgelegen in het zuiden vind je Nyang Nyang beach. Ook hier moet je een flink stuk naar beneden lopen om het strand te bereiken. Op het uitgestrekte, anderhalf kilometerlange witte zandstrand zie je nog de wrakken van gezonken schepen. Verder is er weinig te vinden, ideaal dus voor een dagje weg van de drukte.

Suluban Beach

# BEACH CLUBS

### ONE EIGHTY BALI ♥

Wil je iets heel bijzonders beleven? Dan moet je een bezoekje brengen aan One Eighty Bali. Deze poolclub heeft namelijk een wel heel bijzonder zwembad, met een glazen bodem, zwevend op 200 meter boven de rotsen en de zee. Uiteraard een Instagramfotootje waard.
@oneeightybali
Jl. Pura Goa Lempeh

### KARMA BEACH ☀

Deze luxe strandclub bereik je met een lift die via de steile rots naar beneden gaat. Ook de aapjes liften soms gezellig mee. Eenmaal beneden vind je een helderblauwe zee met wit zandstrand met bedjes. Je betaalt een eenmalige toegangsprijs en kunt daarvan weer een gedeelte gebruiken in het restaurant. Ook kun je hier suppen of kajakken. Zorg dat je er vroeg bent, want de bedjes zijn vaak al gauw bezet.
@karmabeachclubs
Jl. Villa Kandara

### SUNDAYS BEACH CLUB ☀ ♥

Naast Karma vind je het vergelijkbare Sunday's Beachclub. Voor deze strandclub kun je het beste een hele dag uittrekken. En blijf ook zeker tot zonsondergang.
@sundaysbeachclub
Jl. Pantai Selatan

### ULU CLIFF HOUSE ♥

Zien en gezien worden. Bij deze luxe beach club met spectaculair uitzicht over de oceaan, wordt er gechild, gegeten en gedanst. Weet wel: goedkoop is het niet.
@ulucliffhouse
Jl.Labuan Sait

### THE ROCK BAR

Tussen Uluwatu en Seminyak in, vind je bij het Ayana Resort in Jimbaran deze iconische bar, bovenop een rots. Drankjes en eten zijn er niet goedkoop, maar het uitzicht maakt alles goed. Boek van tevoren je plek, want het is enorm in trek bij Aziatische toeristen.
@rockbarbali
Jl. Karang Mas Sejahtera Ayana Resort

Thomas Beach

Uluwatu Cliff House

Karma Beach

Sundays Beach Club

# YOGA & SPORT

Morning Light Yoga

#### BALI TRAINING CENTRE

Als je naar Bali gaat om fit te worden, zorg dan dat je de lessen volgt bij Bali Training Center. Van kickboksen tot HIIT-trainingen, je komt gegarandeerd in *shape* weer thuis. Bovendien loop je daarna zo naar Bingin Beach om de rest van de dag bij te komen aan het strand.

@bali_training_centre

📍 Jl. Pantai Bingin (bij restaurant The Cashew Tree)

#### MORNING LIGHT YOGA ♥

Terwijl de zoute zeelucht door je haren waait, positioneer jij je in je downward facing dog. In de openluchtstudio van Morning Light Yoga, op het adembenemende terrein van Uluwatu Surf Villas, kun je elke dag hoge kwaliteit yogalessen volgen van de beste docenten.

@morninglightyoga

📍 Jl. Pantai Suluban (Uluwatu Surf Villas)

#### MU BUNGALOWS

Begin je dag goed met een yogales bij eco-boetiekresort Mu Bali. Elke ochtend om half tien stap je op je yogamat in de tropische tuin. Daarna spring je in het zwembad of loop je naar Bingin Beach.

@mu_bali

📍 Jl. Pantai Bingin

#### THE YOGA SEARCHER

Surfen en yoga combineren? Op loopafstand van Uluwatu Beach zit Yoga Searcher. Een eco-retreat met vegetarisch restaurant en spa, waar je elke dag yogalessen kunt volgen. Overigens ook een leuk plekje om tijdens het touren door The Bukit even een gezonde juice te drinken.

@yogasearcherbali

📍 Jl. Labuan Sait

*Maak je bezoekje aan Uluwatu memorabel door een yogasessie met uitzicht op zee.*

### THE FIND 🌴
Deze lifestyleboetiek is zonder twijfel de mooiste winkel in Uluwatu. Hier ben je aan het goede adres voor een *fashionable* zomeroutfit of stijlvolle souvenirs voor je huis.
@thefindbali
📍 Uluwatu
(op de oprit naar @singlefinbali)

### BALI CABIN STORE
Laat je in deze kleine winkel verrassen door het stijlvolle interieur en de hebberig makende accessoires en (zwem) kleding. Het mooie is dat ze focussen op duurzame merkjes en lokale producten.
@balicabin_store
📍 Jl. Labuan Sait 56

### I LOVE BALI BOUTIQUE
Nog snel even een bikini of yoga-outfit scoren voor tijdens je verblijf in het zuiden van Bali? De I Love Bali Boutique is een leuke kledingwinkel voor betaalbare outfits.
@ilovebaliboutique
📍 Jl. Labuan Sait, naast Pink Coco, Padang Padang

### HET STRAND ✹
Niet alleen shop je langs de weg bij hippe boetieks, de allermooiste souvenirs koop je natuurlijk op het strand zelf. De *Ibu's* lopen rond met mooie schelpenkettinkjes en sarongs en voor een kleine prijs (dat wordt onderhandelen!) en gezellig gesprekje ben jij een bijzondere Bali-herinnering rijker.

## SELF-LOVE

### LANIAKEA SPA 🌴
Bij deze kleine salon naast Bukit Café kun je terecht voor massages en scrubs. Wel boeken van tevoren, kan druk zijn!
@laniakeaspa
📍 Jl. Labuan Sait

### LA JOYA BIU BIU SPA
Deze spa ging al snel viraal op social media. En terecht, want het uitzicht vanaf de massagetafel is onbeschrijfelijk. Boek een massage en relax daarna in de het het dompelbad met spectaculair uitzicht.
@lajoyabiubiubali
📍 Jl. Pantai Balangan

### D' NAILBAR
Als je nog even een quick fix voor je nagels wil, dan ben je hier aan het juiste adres. Combineer met een lekkere lunch naast de deur bij Nau Tapioaca House.
@dnailbarbali
📍 Jl. Labiansait 10c

### KARMA SPA
Ben je op zoek naar een luxe spa-ervaring voor een speciale gelegenheid? Bij Karma Resort kun je je ultiem laten pamperen in de spa met uitzicht over de azuurblauwe zee. **Tip:** combineer een bezoek met een yogasessie aan het strand.
@karmabeachclubs
📍 Jl. Villa Kandara

# SHOPPEN & SELF-LOVE

La Joya Biu Biu Spa

# ONTDEK

### PURA LUHUR ULUWATU TEMPEL

Als je toch al in het zuiden van Bali bent en wat cultuur wil opsnuiven, breng dan een bezoekje aan de tempel op de rots van Uluwatu. Wellicht niet de allermooiste tempel, maar wel met het mooiste uitzicht. Zoals elke tempel op het eiland is het enorm druk, dus **tip:** ga vroeg of juist aan het einde van de dag rondom zonsondergang om de hordes toeristen te vermijden.

📍 Rijd helemaal richting Uluwatu en volg dan de bordjes.

### KECAK DANSVOORSTELLING

Wil je meer cultuur snuiven? Terwijl op de achtergrond de zon ondergaat, beleef je in de tempel van Uluwatu een traditionele, spectaculaire Balinese dansvoorstelling. Met uitzicht over de oceaan wordt het eeuwenoude verhaal van Rama en Shinta uitgebeeld door vijftig dansers. Kaartjes koop je bij de ingang van de tempel voor ongeveer 7 euro.

Het uitzicht vanaf Pura Uluwatu

# UBUD

## HET CULTURELE HART.

*'Om Swastiatu'*. Welkom in Ubud. Het culturele hart van Bali, omgeven door groene terrassen vol rijstvelden, jungle en prachtig berglandschap. Tot de opkomst van het massatoerisme in Bali was Ubud een bestemming voor 'hippies' die er kwamen voor yoga, gezond eten, kunst en rust. Sinds de film *Eat, Pray, Love* er werd opgenomen in 2010 (leuk weetje: hier hebben we in gefigureerd!) is de populariteit van Ubud gigantisch gestegen – en heeft die rust en het serene imago plaatsgemaakt voor hordes toeristen, digital nomads en vegan food lovers. Desalniettemin, nog steeds is Ubud een must om te bezoeken als je op Bali bent, omdat deze plek iets magisch heeft en rijk is aan cultuur.

Karangasem

# UBUD

In het centrum vind je de leukste koffietentjes, 's werelds beste vegan restaurants, ontelbaar veel yogastudio's, spa's en mooie kunstgalerijen. En als je van winkelen houdt, trek hier dan gerust een hele dag voor uit. Je koopt er in de boetieks en op marktjes mooie souvenirs van Balinese ambachtslieden. Van rotan tassen tot interieuraccessoires en van prachtige kleding tot sieraden. Ontsnap aan de drukte van het centrum om op adem te komen. Aan de rand van Ubud en in omliggende dorpen vind je meer van de sereniteit die het plaatsje ooit kenmerkte. Je kunt er wandelen langs de meest prachtige, groene rijstterrassen of fietsen langs de *sawa's*. Je kunt heilige tempels en waterbronnen bezichtigen en een duik nemen in een van de vele watervallen. Of maak een trekking om de zonsopgang te bekijken vanaf de top van de berg Batur.

Verblijven in en rondom Ubud is uniek. Je hebt er de meest luxe hotels ter wereld, met uitzicht over valleien, rijstterrassen en jungles (hoog *honeymoon*-gehalte). Maar ook kleine *homestays*, waarbij je in de kampung (dorpje) van een Balinese familie verblijft - en ook meteen een kookcursus kunt volgen. Of kies voor een verblijf in combinatie met een yoga-retraite om even helemaal tot rust te komen. Op elk budget kun je hier prima verblijven. Ubud heeft overigens iets weg van een dorpje. Je kunt het centrum dus goed te voet verkennen. Wil je meer van Ubud zien, huur dan een auto met chauffeur of een scooter. Onderweg kun je stoppen voor een koffie *tubruk* en verse *pisang goreng*. En de kans is groot dat je traditionele ceremonies en kleurrijke Balinese processen tegenkomt. Omdat Ubud tussen de bergen ligt, is het er vaak iets koeler en wat regenachtiger dan aan de westkust. Dus neem wel iets warms mee.

Tegalalang rijstvelden

# ETEN & DRINKEN

Sage

UBUD

### MOKSA

Net buiten het drukke centrum vind je Moksa. Een organische plantage met restaurant waar de lokale beroemdheid chef Made de meest waanzinnige plantaardige gerechten klaarmaakt. Ze houden er wekelijks ook kookcursussen en boerenmarkten.
@moksaubud
Puskesmas Ubud II, Gg. Damai

### SAGE

Hier moet je heen om de nangka taco's te eten, ons favoriete gerecht op heel Bali. Dit vegan restaurant, gerund door een hip stel uit L.A., heeft een opvallend stijlvol interieur met een groot rond raam dat uitzicht biedt op het groene landschap van Ubud. Probeer ook hun vegan pizzeria 'My Bella Sage'.
@sagebali
Jl. Nyuh Bulan 1

### ALCHEMY

Een van de eerste rawfoodrestaurants in Ubud.. En inmiddels een beroemde plek onder de yogi's, detoxers en vegans. Ze hebben ook een kookboek uitgebracht dat wereldwijd te krijgen is.
@alchemybali
Jl. Penestanan Klod.75

### DUMBO

Van verse ovenpizza tot geroosterde groente en huisgemaakte pasta's. Voor een Italiaans avondje uit in Ubud zit je hier goed.
@dumbobali

### LA PACHA MAMA

Van dit soort unieke plekken worden we echt blij. In dit vegetarische, Mexicaanse restaurant eet je de lekkerste quesadillas met guacamole in een waanzinnig interieur. Kies voor meerdere gerechten om samen te delen.
@la.pacha.mama
Jl. Penestanan

### WATERCRESS

Ons favoriete café in Seminyak waar we elke week te vinden zijn is ook midden in het centrum van Ubud neergestreken. Het gezellige openluchtrestaurant heeft een uitgebreid menu voor de hele dag. Sla de cakes niet over!
@watercressubud
Jl. Monkey Forest

### MILK & MADU

Deze prachtige, lichte ruimte, dankzij de grote glazen ramen, is de tweede vestiging van Milk & Madu, naast die in Canggu. Je kunt hier van 's ochtends vroeg tot 's avonds laat (pizza's!) heerlijk en gezellig eten. Super kindvriendelijk.
@milkandmadu
Jl. Suweta 3

### FULL CIRCLE

Voor de koffieliefhebbers is Full Circle een must op je reisroute. In een stijlvol interieur drink je de lekkerste, lokaal gebrouwen koffie van Expat Roasters.
@fullcirclebyexpatroasters_
Jl. Jatayu

### ROOM4DESSERT 🌴

Een restaurant met alleen maar heel lekkere toetjes. Meer hoeven we niet te zeggen, toch? De beroemde New Yorkse chef Will Goldfarb bracht dit unieke concept naar Ubud en het is een must-go.

@room4dessert_wg

📍 Jl. Sanggingan

### IBU SUSU

Zin in Japans? Dan moet je plaatsnemen bij Ibu Susu, aan een van de indigo-gekleurde zithoekjes. Dit stijlvol ingerichte café serveert de lekkerste Japanse gerechten, om te delen, en de mooiste mocktail- en cocktailcreaties.

@ibu_susu_ubud

📍 Jl. Monkey Forest

### CASA LUNA

De lekkerste *nasi campur* in Ubud eet je gegarandeerd bij Casa Luna. En voor een ontbijt volg je de geur van hun verse bakkerij, met de lekkerste broodjes en zoete gebakjes.

@casalunaubud

📍 Jl. Raya Ubud

### ELEPHANT

Als je besluit om de Campuhan Ridge-wandeling te maken ga dan eten bij de vegetarische Elephant. Je hebt er een prachtig uitzicht en het eten is er super smakelijk – ook voor de non-vegetariërs een echte aanrader.

@the_elephant_ubud

📍 Jl. Raya Sanggingan

Alchemy

### D'KAMPOENG

Zin in de culturele variant van de Sunday Brunch? Bij D'Kampoeng hebben ze organic brunches (ook leuk voor de kids!) in een prachtige setting. Hier kun je overigens ook allerlei leuke workshops volgen over de Balinese cultuur en een traditionele dansvoorstelling bezoeken. Voor bijzondere ervaringen ben je hier aan het goede adres!
@dkampoengubud
Jl. Suweta

### YELLOW FLOWER CAFE

Bij dezelfde Campuhan Ridge-wandeling kun je ook gaan voor het Yellow Flower Cafe. Een gezellig joglo-style café, waar voor iedereen wat te eten is van *nasi campur* tot smoothiebowl. Check overigens ook hun goed gestylede villa op Instagram @island.to.island.
@yellowflowercafe
Jl. Raya Campuhan

### HUJAN LOCALE

De Balinese keuken met een moderne twist. Dit restaurant neemt je smaakpapillen mee op reis en is een must voor foodies. Bestel gerechten om deze samen te delen en sla de *ginger lemongrass creme brulee* als dessert niet over.
@hujan_locale
Jl. Sri Wedari 5

Moksa

Watercress

Moksa Farmers Market

### FOLK
Als je tijdens het winkelen even wil afkoelen, dan ga je naar Folk. Dit restaurant in het centrum van Ubud heeft een groot zwembad met zonnebedjes. **Tip:** 's avonds hebben ze filmavond, met popcorn onder de sterrenhemel.
@folkubud
📍 Jl. Monkey Forest

### LIAP LIAP
Nog een voor op je go-tolijst als foodie is Liap Liap. Een restaurant van het bekende Bisma Eight, met waanzinnig lekkere, moderne en Indonesische grillgerechten. Neem je een toetje, ga dan voor de traditionele 'cendol'.
@liapliapubud
📍 Jl. Monkey Forest

### KAFE
Als er één plek is waar we al tien jaar terugkomen, is dit wel Kafe. Voor een gezonde lunch, een snelle smoothie of een lokaal 'jamu' shot voor een instant weerstandboost.
@kafe_ubud
📍 Jl. Hanoman 44

### PARADISO
Van de eigenaren van Earth Café in Seminyak; dit vegan restaurant is een ontmoetingsplek voor culturele reizigers. Er worden elke dag (jawel: vegan) films, workshops en events gehouden.
@paradisoubud
📍 Jl. Goutama Sel.

### SARI ORGANIK
Vanaf de grote weg in Ubud kun je door de rijstvelden wandelen naar deze organic food warung. Wanneer het er druk is, zijn er nog een paar andere leuke lokale eetcafés met uitzicht over de *sawa's* naast de deur.
📍 Jl. Subak Sok Wayah

### JUNGLE FISH BAR
Poolhangen in de jungle doe je bij Jungle Fish. Dit restaurant met *infinity* zwembad is een adresje waar je de hele dag kunt vertoeven. Combineer met een bezoekje aan de bijbehorende spa.
@junglefishbali
📍 Jl. Raya Sebali

INSIDER TIP //
**Kim Herben** Nederlandse expat op Bali en marketing relations director bij @potatoheadbali
*Ervaar het melukat-ritueel in Sebatu. Melukat betekent zelfreiniging in het Balinees en staat voor een zuiveringsritueel van lichaam en geest. Voor Balinezen is dit een belangrijke gebeurtenis waarbij water centraal staat. Ik raad aan om altijd met een lokale gids te gaan zodat je op een correcte manier de ceremonie kunt ondergaan.*

# SLAPEN, YOGA & SPORT

Wapa di Ume Resort

### BAMBOO INDAH ♥ € € €

Dit wereldberoemde eco-resort heeft in alle designbladen gestaan. De oprichters van de Green School bouwden dit fascinerende retreat van bamboehuizen in een organische tuin aan de Ayung-rivier.
@bambuindah
Jl. Banjar Baung

### FIVELEMENTS € € €

Op honeymoon, detox retreat of even ultiem baden in luxe, dat doe je bij Fivelements. Je kan hier ook een dagje heen, ga dan eten in het adembenemende bamboe restaurant, doe mee aan een yoga-sessie en dompel je onder in een *flowerbath* in de spa.
@fivelementsretreats
Puri Ahimsa Banjar Baturning

### WAPA DI UME RESORT € €

Net buiten Ubud vind je Wapa di Ume. Een idyllisch hotel met villa's, kamers en zwembaden, omringd door de rijstvelden. In de avond wandel je langs de vuurvliegjes naar het authentiek Balinese restaurant.
@wapadiume
Jl. Suweta

### GLAMPING SANDAT ♥ € € €

Voor een unieke ervaring ga je glamperen in Ubud. In dit eco-retreat kom je helemaal tot rust, midden in de natuur, slechts een kleine vijf minuten van Ubud.
@glampingsandat
Jl. Subak Sala

*Reis je solo? Kies dan voor een gezellige homestay of een bungalowresort om medereizigers te ontmoeten.*

**HONEYMOON GUESTHOUSE € € €**
Hier vind je alles waarvoor je naar Ubud komt: heerlijk eten in het bijbehorend restaurant Casa Luna en de beste bakkerij in Ubud, ontspannen met dagelijkse yogalessen en een spa, slapen in een van de traditionele joglo-style kamers. Je kunt er ook kookcursussen volgen.
@honeymoonguesthouse
Jl. Bisma

**VICEROY BALI € € €**
In Ubud vind je de meest beroemde hotels ter wereld. Hier slaap (en zwem!) je met een adembenemend uitzicht op de groene vallei. Het kost wel wat, maar deze ervaring is onbetaalbaar.
@viceroybali
Jl. Lanyahan, Br. Nagi

**AIR UBUD €**
Deze homestay is het tropische thuis voor creatieven van over de hele wereld. Bij Air (ofwel Artist Inn Residency) kun je naast je verblijf werken in de gemeenschappelijke ruimtes of een eigen studio bijboeken.
@airubud
Jl. Kajeng 24

**DRAGONFLY VILLAGE €**
Yoga-retraites, kruidensauna's, zoutwaterbaden, meditatieworkshops... voor een ultieme zen-Ubud-ervaring verblijf je in een van de teakhouten bungalows bij Dragonfly, temidden van de rijstvelden.
@dragonflyvillage
Jl. Raya Ubud

# YOGA & SPORT

### YOGABARN

Het epicentrum van de yogacommunity in Ubud is The Yogabarn, waar yogaliefhebbers van over de hele wereld samenkomen. De hele dag is het lesrooster gevuld met diverse soorten yoga, workshops, danssessies en nog veel meer. **Tip:** hier boek je ook fijne yoga retreats!
@theyogabarn
Jl. Raya Pengosekan

### UBUD YOGA CENTRE

Deze prachtige yogastudio kijkt uit over het groene Ubud en heeft een health-food cafe en een leuke winkel.
**Tip:** wees op tijd om je plekje op de mat te veroveren, want je kunt volle lessen verwachten.
@ubudyogacentre
Jl. Raya Singakerta 108

### RADIANTLY ALIVE

Met maar liefst 80+ yogalessen (mét tropisch uitzicht), yoga-docent-opleidingen, workshops, retraites en een café, is Radiantly een walhalla voor als je naar Bali komt voor de yoga en een stukje soulsearching.
@radiantlyaliveyoga
Jl. Jembawan 1

### YOGARETREAT

Ubud is dé plek om een yoga-, detox- of stilteretreat te volgen. Er zijn er ontelbaar veel, dus kijk bijvoorbeeld op de lokale website balispirit.com voor het actuele aanbod.

INSIDER TIP //

**Mary Lee** Moeder van Makena, productiemanager Buddha to Buddha en in 2003 uit Nederland naar Bali verhuisd.

*Maak een wandeling op de Campuhan-brug in Ubud tijdens zonsopgang. Je loopt door de oneindig groene rijstvelden en ziet het mooie landschap van Bali net voordat de vogels wakker zijn. Het licht op dit tijdstip van de dag zorgt voor hele mooie foto's en de temperatuur is dan heerlijk laag. Verwen je zelf aan het einde van de wandeling met een spa-behandeling bij Karsa.*

### UBUD ART MARKET ♥

Tegenover het paleis van Ubud vind je deze bekendste markt van Bali. Er is vroeg in de ochtend een markt met fruit, groente en bloemen voor de locals en daarna gaan alle shopjes open voor de toeristen. Het is er vaak druk, maar als je als doel hebt voor een prikkie de echte Bali-souvenirs te scoren - zoals schilderijen (deze neem je opgerold in een koker mee in het vliegtuig), houtsnijwerk, (woon)accessoires en kleding - dan is het een must-go. En zet onze onderhandeltips uit het begin van dit boek in!

📍 Tegenover het Royal Ubud Palace

### BITTER SWEET UBUD

Bittersweet is een bijzonder concept: namelijk een bloemenwinkel en restaurant ineen. Niet alleen de bloemen maar ook de gerechten zijn een waar kunstwerk. Gegarandeerd een plek waar je blij van wordt.

@bittersweetubud

📍 Jl.Monkey Forest

### GAYA CERAMIC

Als arts & craft hoofdstad van Bali kunnen natuurlijk de keramiekstudio's niet ontbreken. Een van onze favorieten is Gaya. Prachtig, handgemaakt aardewerken tafelservies, vazen en meer. Ze ontwerpen voor hotels en restaurants over heel de wereld en hier leren ze je ook de kneepjes van het vak in hun workshops.

@gaya.ceramic

📍 Jl. Raya Sayan

### WORKSHOP BALI

Je vindt hier wisselende exposities en dagelijks leuke workshops (van brood bakken met @starterlabbali tot hoe je kombucha maakt). Een ontmoetingsplek voor creatieve reizigers!

@workshopbali

📍 Jl. Raya Sayan

## SELF-LOVE

### KARSA SPA

Voor een meer betaalbare flowerbath ga je naar Karsa Spa. Je vindt deze net buiten Ubud, met een prachtig uitzicht over de groene sawa's. **Tip:** ga voor een scrub en een Balinese massage van anderhalf uur.

@karsaspa

📍 Jl. Markandia, Tegalalang

### BUNGAR SEHAT

In Ubud vind je overal gezellige, lokale spa's. Wanneer je moe bent van het lopen stap je naar binnen voor een Balinese massage of reflexologie-voetmassage. Zoek dus niet naar de hipste salon, want vaak zijn juist bij de meest onopvallende plekken de massages het best. Zo'n plek is bijvoorbeeld Bungar Sehat (naast Kafe). Hier stapten we ooit naar binnen en ontdekten we per toeval de goedkoopste, maar beste massage.

📍 Jl. Hanoman 46

# SHOPPEN & SELF-LOVE

Ubud Art Market

# ONTDEK

### TEGALALANG ♥

Je bent niet écht op Bali geweest als je niet door de rijstvelden hebt gewandeld. Net buiten Ubud heb je een waanzinnig uitzicht op de groene rijstterrassen van Tegalalang. Je kunt er een wandeling doorheen maken en ziet de lokale boeren druk aan het werk. Inmiddels is dit wel een populaire spot onder de toeristen, dus zorg dat je vroeg in de ochtend gaat om de drukte te vermijden.

### CAMPUHAN RIDGE WALK ♥

Als je niet helemaal naar de Tegalalang rijstvelden wil, kun je dichter bij Ubud de Campuhan Ridge-wandeling maken. Je loopt over een heuvel met prachtig uitzicht. Vooral mooi (en nog niet zo druk) in de vroege ochtend. Daarna lekker eten bij The Elephant.

### FIETSEN DOOR UBUD

Ubud is bij uitstek de plaats om te fietsen. Fiets door kleine dorpjes en langs groene rijstterrassen met Bali Eco Tours, of een van de vele andere aanbieders. Een mooie manier om in alle rust de omgeving te verkennen.

### BEKLIM MOUNT BATUR ♥

Voor de avonturiers onder jullie raden we je deze absolute Bali bucketlist-trekking te maken. Een pittige wandeling naar de top (1717 m) van de berg tijdens zonsopkomt,

Tegalalang rijstvelden

waarna je kunt genieten van het adembenemende uitzicht. Je kunt deze trekking vanuit elke plaats doen, omdat je dan al 's nachts wordt opgehaald. Maar omdat Ubud relatief dichtbij is, hoef je hier pas 's ochtends vroeg je bed uit.

### TIRTA EMPPUL

Bali heeft duizenden tempels, dus welke bezoek je? Tirta Empel, de *'tempel van het heilige water'* is er een die je wilt zien. Hier bidden en reinigen (in het geloof, van kwade geesten) de Balinesen zich al sinds 962 na Christus, en vandaag de dag nog steeds. Ook als reiziger kun je er deze speciale ervaring meemaken door je onder te dompelen in de heilige waterbon.

### HEILIGE WATERBRON SEBATU ♥

Meer verborgen en minder toeristisch is de heilige bron in Sebatu, een plaatsje net buiten Ubud. Hier zie je bijna dagelijks Balinese families de traditionele 'Malukat'-ceremonie uitoefenen: een kleurrijke zuiveringsceremonie die lichaam en geest reinigt. Je moet er wel even wat voor doen: 1000 treden door de jungle naar beneden lopen. Maar dat is de ervaring zeker waard.

### MONKEY FOREST

We hebben even getwijfeld of we deze spot in ons boek wilden vermelden, omdat we natuurlijk tourist-trap vrije plekken aanraden. Dit is zo'n gigantisch drukke plek die je stiekem wilt vermijden. Maar het blijft een echte Bali-beleving om het heilige apenbos met de drie Balinese tempels te bezoeken. Als je toch in Ubud bent, dan kun je hier even binnenlopen. Pas op je spulletjes! De apen grijpen maar al te graag de bezittingen van toeristen weg.

### VEGAN KOOKCURSUS

Elke woensdag en vrijdag kun je terecht bij Moksa voor een culinaire vegan kookworkshop, onder leiding van chef Made. Hij is al twintig jaar vegan en maakt de meest creatieve gerechten. Hier leer je plantaardig koken van een expert!

### BALINESE KOOKCURSUS

Als je van de echte Balinese cultuur willen proeven, dan moet je natuurlijk wel Balinees kunnen koken. Je kunt in Ubud op veel plekken kookcursussen volgen, sommige zelfs inclusief een bezoek aan de markt om samen met de kok in te kopen. Onder meer bij Ubud Yoga Center worden er dagelijks cursussen gegeven.

## UBUD FESTIVALS

In Ubud vinden het hele jaar door festivals plaats, die over de hele wereld de aandacht trekken. Zo heb je er o.a. TedXUbud, Bali Vegan Festival, Ubud Writers & Readers Festival en het beroemde yogafestival Bali Spirit.

## BAWA & BARC

Onlosmakelijk met Bali verbonden zijn de Bali-honden. Helaas worden niet overal de hondjes goed behandeld, en worden de puppies vaak zelfs mishandeld of achtergelaten. Er zijn diverse stichtingen zoals BAWA @bawabali_official en BARC @barc4balidog die de hondjes opvangen, verzorgen en inenten tegen ziektes. Je kunt deze opvangcentra bezoeken, met de hondjes spelen (ze vinden de aandacht heerlijk!) en er ter plekke een donatie doen.

## VILLA KITTY FOUNDATION

In Ubud vind je ook Villa Kitty @villakittyfoundation. Een opvangcentrum voor achtergelaten katten, die er een mooi thuis hebben, maar ook kunnen worden geadopteerd. En voor de kattenliefhebber dus zeker een bezoekje waard om even lekker te knuffelen en naar wens ook een donatie te doen.

*Tip: Overal in Ubud vind je lokale standjes die (dag) tours aanbieden. Hier boek je leuke uitjes, zoals raften of een bezoek aan een waterval.*

# NUSA LEMBONGAN, CENINGAN & PENIDA

PARADISE FOUND.

Voor de kust van Bali vind je drie tropische, paradijselijke eilanden: Nusa Lembongan, Nusa Ceningan en Nusa Penida. Bekend om het turquois-blauwe, heldere water, de mooie natuur en witte stranden. Je bereikt de eilanden gemakkelijk vanaf het vaste land, slechts een halfuur met de boot. Officieel horen de Nusa-eilanden nog bij Bali, maar je waant je in een totaal andere wereld.

Nusa Lembongan

# NUSA LEMBONGAN, NUSA CENINGAN & NUSA PENIDA

Toen we tien jaar geleden voor het eerst naar Nusa Lembongan gingen, werden we op slag verliefd. De plekken om te slapen waren nog op één hand te tellen, restaurantjes waren er nauwelijks, geen elektriciteit na 8 uur s'avonds en zout water om mee te douchen. Lokale vissers en boeren waren in het water bezig zeewier te verbouwen. Inmiddels is dit wel anders, maar dit stukje paradijs heeft haar charme zeker nog niet verloren.

Elk eiland is uniek. *Nusa Lembongan* is inmiddels ontdekt door de toeristen en hier vind je dan ook de meeste hotels en restaurantjes. Desalniettemin niet minder leuk! Je kunt er snorkelen, suppen, surfen, relaxen en rondtoeren op de scooter naar de vele strandjes. Het eiland is met de beroemde gele brug verbonden met het kleinere *Nusa Ceningan*. Daar vind je de leukste strandhang-outs en velden vol palmbomen. Het grootste en meest avontuurlijke (en nu nog minst toeristische) van de drie eilanden is *Nusa Penida*. Hier vind je ruige natuur, spectaculaire uitzichten en kun je snorkelen met mantaroggen. Als je op het strand een kokosnoot bestelt, klimt een behendige jongen nog 'even' in de kokosnootboom, om deze vers voor je klaar te maken.

Als je je vakantie naar Bali aan het plannen bent, neem dan zeker ook een van de Nusa-eilanden mee in je reisprogramma. Voor de ultieme eilandervaring raden we je aan om hier minimaal twee nachten te verblijven. Afhankelijk van je wensen kies je een verblijf op een van de drie eilanden, om vervolgens de andere eilanden te verkennen. Als je kiest voor Nusa Lembongan of Ceningan, kun je bijvoorbeeld van daaruit een dagtrip maken naar Nusa Penida. Maar Nusa Penida is zo groot en er zijn zo veel mooie dingen te zien dat we aanraden om daar ook twee nachten te verblijven.

Kelingking Beach op Nusa Penida

### HOE KOM JE ER?

Met de fastboat vanaf Sanur of Serangan ben je binnen een halfuur op de paradijselijke Nusa-eilanden. Er zijn veel goede aanbieders (check ze op lembonganfastboats.com). Wij nemen zelf al tien jaar Rocky Boat, dus kunnen je deze van harte aanraden. Zorg dat je je plekje op de boot alvast een paar dagen van tevoren boekt (dat kan via de website of telefonisch). Bij de prijs inbegrepen zit je heen- en terugtransfer vanaf en naar Sanur of Serangan, laat ze dus weten waar je opgehaald wilt worden. Vervolgens zetten ze je af bij het kantoortje om je tickets te betalen (als je dat niet al online hebt gedaan) en word je met de rest van de medepassagiers naar de boot begeleid.

Als je direct naar Nusa Penida wilt, boek je je tickets bij Maritu Express. **Tip:** word je gauw zeeziek? Neem dan even een pilletje, want door de golven kan de boot soms flink heen en weer gaan.

### VERVOER

Je ontdekt de drie eilanden het beste met de scooter. Met je haren wapperend in de wind, van strand tot strand. Want op het eiland zijn geen auto's (behalve de buggy's van de hotels die gasten ophalen vanaf de haven) en lopend kom je niet ver. Boek je scooter via je verblijf of bij de haven. Rijd voorzichtig! Vaak zijn er geen helmen te huur op de eilanden. Rijd je zelf geen scooter? Vraag dan bij je verblijf of ze iemand weten die je de hele dag rondrijdt. Dan heb je meteen een lokale *tourguide* en is het nog gezellig ook!

*Je ontdekt de drie eilanden het beste op de scooter. Avontuurlijk en adembenemend mooi!*

Op de scooter over Nusa Lembongan

# ETEN, DRINKEN & SLAPEN

The Deck

### GINGER & JAMU

Lunch met uitzicht op zee? Bij restaurant Ginger & Jamu eet je de gezondste gerechten, terwijl je met je voetjes in het zand uitkijkt over de helderblauwe zee. Ook favoriet bij velen door de fijne vegan, vegetarische en glutenvrije opties op de kaart. Je vindt ons hier regelmatig voor ontbijt, lunch of diner!
@gingerandjamu
Jungut Batu

### THE DECK

Dit café is met stip onze vaste sunset spot. Je kijkt uit over de helderblauwe zee vanaf het tropische zonnedek met uitzicht op Mount Agung. Je kunt er van 's ochtends vroeg tot 's avonds laat uitgebreid eten of even een pitstop maken voor een koffietje of een kokosnoot.
@thedecklembongan
Batu Karang Lembongan Resort

### BALI ECO DELI

Voor een verse juice met gezonde salade of koffietje met brownie stop je bij Bali Eco Deli. Een gemoedelijk wegrestaurantje met lekker eten en lieve mensen.
@baliecodeli
Jl. Raya Jungut

### NYOMAN'S WARUNG

Rond zonsondergang gaat deze eenvoudige warung aan de noordelijke kant van het eiland elke dag open. Je eet er rijst met de lekkerste gebarbecuede verse vis. Echt *island style!*
Jl. Mangrove

### KAJU LEMBONGAN

Voor een gezond ontbijt en gezonde lunch schuif je aan bij Kayu. Bij ons favoriet vanwege de vele lekkere vegetarische opties.
@kayulembongan
Jungut Batu

### MUSHROOM SHACK

Hier ben je aan het juiste adres voor een 'coffee & chill'. Deze woorden zie je dan ook groots op de muur staan als je aankomt. Dit tropische cafeetje heeft ook leuke speelgelegenheid voor de allerkleinsten.
@mushroomshackbali
@mushroomespresso
Mushroom Bay

### TWO TOWERS COFFEESHOP

Voor de echte koffieliefhebbers bestel je bij Gede je shot espresso of coconut cappuccino. Hij staat op het eiland bekend als beste barista, dus een go-to voor cafeïnelovers! Je kunt er overigens ook ontbijten, lunchen en dineren.
@twotowersbali
Jungut Batu

### THE COCONUT HUT

Bij dit low key café kom je niet alleen om te eten, je kunt hier namelijk... jawel: midgetgolven! Gegarandeerd een leuke tijd.
@thecoconuthutlembongan
Jungut Batu

## NUSA CENINGAN

### NEXT LEVEL ☀

Dit plaatselijk gerunde café ziet er niet alleen heel creatief en gezellig uit, het eten is er ook heerlijk. Schuif aan op het overdekte dakterras met uitzicht over zee. Probeer zeker de taco's.
@nextlevelbali
📍 Dusun Cengan Kawan

### LAST STOP ☀

Zoals de naam al zegt: hier wil je de dag eindigen! Met je voetjes in het zand en een kokosnoot (of cocktail) in je hand. Het menu is niet heel bijzonder, maar het uitzicht wel!
@laststop_ceningan
📍 Jl. Nusa Ceningan

## NUSA PENIDA

### SECRET PENIDA CAFE

Leuk healthfood-café met lekker eten en kleurrijk interieur (lees: roze Instagram-muur!).
@secretpenidacafe
📍 Jl. Pred-buyuk

### PAPILAS COFFEE HOUSE

Verrassend hip koffiezaakje te midden van alle mooie bezienswaardigheden op het eiland.
@papilas_coffeehouse
📍 Jl. Nusa Indah 53

### VEGAN SOUL KITCHEN

Met prachtig uitzicht over de jungle van Nusa Penida kun je bij dit plantaardige restaurant heerlijk ontbijten, lunchen en dineren of even een gezonde juice drinken.
@vegan_soul_kitchen
📍 Sakti, Nusapenida

### PENIDA ESPRESSO

Dit vinden wij dus echt te gek: een leuk locaal café, waar je een gratis koffietje krijgt als je een tas met afval van het strand vult en meeneemt. Een **tip:** ga voor de banaan-pindakaassmoothiebowl, gegarandeerd smullen!
@penidaespresso
📍 Jl. Ped-Buyuk

### WARUNG SALT 'N PEPPER

Zin in een nasi goreng of gado gado? Stop onderweg tijdens het verkennen van het eiland bij deze kleine warung.
@warung_salt_pepper
📍 Sakti Nusapenida

Tigerlillys

# SLAPEN

### TENANG VILLAS € €

Ga je voor iets meer luxe? Boek dan je privévilla met zwembad bij Tenang Villas met uitzicht over zee (en over Mount Agung!). Je wandelt zo naar buiten voor de leukste spots zoals The Deck, en naar het strand beneden om te surfen, snorkelen of suppen.
@tenangvillas
Jungut Batu

### KOMODO GARDEN €

Vlak bij Dream Beach en Sunset Beach vind je Komodo Garden. Een ideale accommodatie als je vlak bij het strand wil verblijven in een traditioneel Balinese setting.
@komodogarden
Jungut Batu

### VILLA SAYANG € € €

Een echte 'hidden gem', zo kunnen we Villa Sayang het beste omschrijven. Je beleeft hier de ultieme eilandervaring weg van de drukte, in je eigen design-villa, met infinity-zwembad en zelfs een privéstrand waar je kunt zwemmen en snorkelen.
@villasayanglembongan
Jangut Batu

### WATER BLOW HUTS €

Goed verborgen, maar zeker een dat je niet moet missen is dit bungalowparkje met uitzicht over zee. Na een dag relaxen op het nabijgelegen Dream Beach neem je een duik in het infinityzwembad.
@water_blow_huts_lembongan
Dream Beach

### KETUT LOSMEN €

Een fijne low-budgetoptie aan het strand, met de leukste surfspot, 'Shipwreck', recht voor de deur. In deze Balinese bungalows verbleven we tijdens onze eerste tripjes naar dit eiland en het is nog steeds een aanrader.
@ketut_bungalows_lembongan
Jungut Batu

### TIGERLILLYS € €

Dit tropische boetiekhotel is gelegen in een weelderige tuin, op loopafstand van het strand. De traditionele Balinese huisjes in 'lumbung'-stijl omringen het zwembad. Het bijbehorende restaurant is een van onze favorieten op het eiland!
@tigerlillyslembongan
Jl. Jungut Batu

## NUSA CENINGAN

### LE PIRATE BEACH CLUB €

Waarschijnlijk de meest iconische verblijfplek op de eilanden. Het is een kleine strandclub met zwembad en uitzicht over de turquoise oceaan, met herkenbare wit-mintgroene huisjes. Ze zijn klein: een bed, douche en hangmat. Maar meer heb je ook niet nodig! **Tip:** wees er vroeg bij met boeken. Wij gaan er ook graag heen voor een lekkere lunch.
@lepiratebeachclub
Jl. Nusa Ceningan

### THE BRIDGE HUTS €

Deze leuke bed and breakfast met goed verzorgde kamers, een zwembad en café wordt gerund door een lieve Balinese familie. De gemoedelijke sfeer en goede locatie maken dit een heerlijk verblijf tijdens het verkennen van de eilanden.
@the_bridge_huts
📍 Jl. Pulau Nusa Ceningan

### SECRET POINT HUTS

Direct aan het strand en bij Secret Point surfspot slaap je hier in leuke hutjes. Het echte eilandleven!
@secretpointhuts
📍 Jl. Pulau Nusa Ceningan

## NUSA PENIDA

### BINTANG BUNGALOWS 🌴 ♥ €

In een tropische tuin, onder wuivende palmbomen, vind je een tiental witte bungalows. Simpel, maar voorzien van alle gemakken. Bintang Bungalows ligt ideaal tussen alle bezienswaardigheden van het eiland in.
📍 Sakti, Klungkung

### TROPICAL GLAMPING € €

Maak je Bali reis memorabel met een verblijf in deze paradijselijke bungalow middenin een veld met honderden palmbomen, bovenop de klif met uitzicht over de oceaan. Je doucht buiten, want er is toch niemand in de buurt. Meer ultiem eilandleven ga je niet krijgen. Wees vroeg met boeken!
@tropicalglamping

Le Pirate Beach Club

Bintang Bungalows

# STRAND, SURFEN & BEACH CLUBS

Blue Lagoon op Nusa Ceningan

### DREAM BEACH ☀

Dit mooie witte zandstrand ligt in een kleine baai, tussen wilde rotspartijen, en het water is kristalhelder. Hoewel het inmiddels al erg toeristisch is geworden, is dit nog steeds een van onze favoriete stranden om de hele dag te chillen. Wees bij het zwemmen wel alert op de golven en sterke stroming.

### SUNSET BEACH ☀

Het strand voor bij Sandy Bay Beach Club (een must om lekker te eten!) heet Sunset Beach. En de naam zegt het al, hier beleef je de mooiste zonsondergang.

### MUSHROOM BAY ☀

Wit zand en helderturquois water. Dit strandje ligt in een baai, waar ook bootjes aanleggen. Je kunt er heerlijk snorkelen en de hele dag suppen. Je kunt er ook slapen op het strand bij de hutjes van Hai Tide.

### JUNGUT BATU BEACH ☀

Aan het strand van Jungu Batu vind je allerlei leuke barretjes en restaurantjes, en kun je dus prima de hele dag vertoeven. Hier kun je ook een supboard huren (bij het kleinere strandje Coconut Beach, dat je vindt als je voorbij The Deck loopt) en uren over het helderblauwe water peddelen. Surfen doe je bij de surfspots Shipwrecks, Lacerations en Playgrounds.

## NUSA CENINGAN

### SECRET BEACH 🌊

Op het meest zuidelijke puntje van Nusa Ceningan vind je Secret Beach. Alleen al de scooterrit erheen is het waard. Het is een verwilderde baai met helder water, waar je ook lekker kunt afkoelen in het water en in het witte zand zonnebaden zonder te veel toeristen om je heen. Je vindt hier ook surfspot Secret Point.

## NUSA PENIDA

### KELINGKING BEACH 🌴 ♥

Zonder twijfel het meest waanzinnige uitzicht van Bali en de eilanden. Dit strand ben je vast en zeker al veel op Instagram tegengekomen. In het echt is het nog mooier, dus zorg dat je deze bezienswaardigheid niet mist (ga hier als eerste heen in de ochtend, want vanaf het eind van de ochtend komen de tourbusjes met toeristen aan). Je kunt langs een pad naar beneden hiken, neem dus goede wandelschoenen mee. En weer willen we even zeggen: wees alert bij het maken van de foto's bij de rand.

### BROKEN BEACH & ANGEL'S BILLABONG ♥

Breng na Kelingking een bezoek aan dit natuurfenomeen. Na een korte wandeling kom je aan bij Angel's Billabong. Een natuurlijk 'zwembad' tussen de rotsen, ontstaan doordat de hoge golven van de zee erin slaan. Voorheen kon je met laagtij langs rotsen klauteren voor een kleine poolsessie, maar inmiddels mag dit niet meer omdat er te veel ongelukken zijn gebeurd.

### CRYSTAL BAY ☀

Deze baai, bezaaid met torenhoge palmbomen langs een parelwit zandstrand, staat bekend om de snorkel- en duiktrips. Aan de linkerkant kun je een kleine wandeling maken naar een uitkijkpunt dat uitkijkt over de baai.

### ATUH BEACH

Voorheen waren veel stranden onbereikbaar, maar overal worden trappen uit de rotswanden gehakt en weggetjes naar beneden gemaakt. Breng zeker een bezoekje aan het adembenemende Atuh Beach!

Secret Beach

# BEACH CLUBS

### OHANA'S ♥ ☀

Deze Hawaiiaans geïnspireerde strandclub (Ohana betekent 'familie') is een heerlijke plek om de hele dag te zonnen, zwemmen, eten en rondom zonsondergang een dansje te doen. Ook leuk voor de kids. **Tip:** je kunt er ook verblijven!
@ohanaslembongan

### SANDY BAY BEACH CLUB 🌴 ☀ ♥

Elke keer als we op Nusa Lembongan zijn, maken we een pitstop bij Sandy Bay Beach Club om uitgebreid te lunchen en een duik te nemen in het zwembad met uitzicht over zee. Maar ga er ook zeker rondom zonsondergang heen voor een borrel of diner, want het strand heet niet voor niets 'Sunset Beach'! Tussendoor geniet je nog even van een massage bij Glo Day Spa of shop je bij het naastgelegen Walking Tree Boutique.
@sandybaybeachclub
📍 Sandy Bay

## NUSA CENINGAN

### THE SAND 🌴 ♥ ☀

We hadden deze spot ook bij 'Eten & drinken' kunnen noemen, maar het is meer dan alleen een restaurant. Je kunt hier namelijk de hele dag vanaf je strandstoeltje naar het heldere blauwe water staren en je 'schommel in het water'-Instagram-foto maken (Bali bucketlist, check!). Of schommel aan de bar met een cocktail in de hand. De opvallend vrolijke medewerkers van The Sand zullen je een onvergetelijke dag bezorgen.
@thesand_ceningan
📍 Jl. Nusa Ceningan

### SEA BREEZE ☀

Op dezelfde weg als The Sand vind je vergelijkbare strandclub Sea Breeze. Ook hier dip je vanaf je strandstoeltje het water in, en schommel je in de Malediven-kleurige oceaan. Het is ook een leuke ontmoetingsplek voor jonge reizigers.
@seabreezeceningan
📍 Jl. Nusa Ceningan

INSIDER TIP //
**Surya Kuhn** Opgegroeid in Bali met Duitse en Balinese roots, eigenaresse van kledingmerk @paulakatarina
*Mijn ultieme Bali* ***tip:*** *ontsnap naar het eiland Nusa Ceningan om even lekker te ontstressen. Chill de hele dag op het strand, heerlijk!*

Ohana's

Sandy Bay Beach Club

The Sand

The Deck

## SHOPPEN

### THE WALKING TREE

Nu kom je waarschijnlijk niet op dit eiland om te shoppen, maar net voor de ingang van Sandy Bay Beach Club vind je deze leuke (zwem)kledingboetiek met leuke accessoires.
@thewalkingtreeboutique
Sandy Bay

### OP HET STRAND ✹

De leukste souvenirtjes vinden wij altijd bij de lokale winkeltjes. Houd dus je ogen open voor leuke schelpenkettinkjes, rieten waaiers en mooie kleurrijke sarongs bij de kleine stalletjes langs het strand of van de verkopers op het strand. Afdingen mag!

## YOGA

### YOGA BLISS

Dit tropische retreat verzorgt elke dag yoga- en surflessen. En zelfs opleidingen tot yogadocent. Je kunt er ook verblijven in een van de charmante houten hutjes.
@yogablisslembongan
Jungut Batu

## SELF-LOVE

### SERENITY

Bij Serenity vind je een vol lesrooster met yogalessen verspreid over de hele dag. Voor de liefhebbers van de oceaan is de supyoga is een aanrader! Wil je meer? Je boekt er ook complete retreats en yogavakanties.
@serenityyogalembongan
Jungut Batu

### GLO DAY SPA

Deze salon vind je over heel Bali en nu ook op Nusa Lembongan. Een low-key salon waar je lekker even gepamperd kan worden met een massage of beautybehandeling. **Tip:** ga voor het *'creambath'*, een traditioneel Balinees haarmasker met ontspannende hoofdmassage.
@glodayspa_bali
Sandy Bay

### TONIC

Na al het toeren, surfen of snorkelen zin in een goede massage of een *nail fix*? Dan kun je bij Tonic Body & Soul Spa terecht. De behandelingen (**tip:** de high tea en pampering!) zijn allemaal in de openlucht met uitzicht. Wat wil je nog meer?
@tonicbodyandsoul
Jungut Batu

# ONTDEKKEN

## NUSA CENINGAN

### BLUE LAGOON 🌴 ♥

Het is geen strand, maar wel een adembenemend spektakel om te zien. Je staat boven op een klif en kijkt zo een rotsachtige inham in met het blauwste water dat je ooit hebt gezien. Je zult zo enthousiast worden dat je graag foto's wilt maken, maar wees alsjeblieft voorzichtig en ga niet te dicht bij de rand staan.

En nog even een extra *note* van je bezorgde reisleiders: populair zijn hier in de buurt bij Manta Point ook de 'cliff jumps', waarbij je van een hoge rots de oceaan in springt. Ziet er natuurlijk heel gaaf uit, maar niet veilig. Wij zouden zeggen: geniet van het uitzicht, maar spring niet :)

## NUSA PENIDA

### SNORKELEN MET MANTA'S 🌴 ♥

Een magische ervaring: snorkelen of duiken met manta's. Deze reuzeroggen zijn ongelooflijk indrukwekkend, zeker als je er maar een meter bij vandaan zwemt. Je kunt overal op het eiland een snorkeltour boeken. Onze **tip:** ga vroeg, zodat je niet met honderd anderen in het water ligt. En ga niet wanneer de zee wild is. Als Nusa Penida niet apart op je reisprogramma staat, dan boek je vanaf Nusa Lembongan of Ceningan gemakkelijk een (half) dagtripje. Check dit bij je verblijf en anders via lokaal reisbureau The Lembongan Traveler.

Angels Billabong op Nusa Penida

# DE GILI-EILANDEN

## SLOW DOWN & STAY A WHILE

Witte stranden, wuivende palmbomen en alleen het geluid van het suizen van de oceaan. Gili Trawangan, Gili Meno en Gili Air horen officieel niet bij Bali, maar bij het naastgelegen eiland Lombok. Als je de Gili-eilanden bezoekt, zie je Lombok aan de overkant al liggen.

Gili Trawangan

# DE GILI-EILANDEN

Op de Gili's beleef je het echte idyllische eilandleven. Een plek om tot rust te komen. Want: er is vrij weinig te doen, en dat is nu juist ook de charme eraan. Omdat er geen auto's en scooters zijn, doe je alles lopend of op de fiets. De eilanden zijn zelfs zo klein dat je zo het hele eiland rondfietst.

Oké, nu moeten we wel eerlijk zijn. Die rust heeft op het eiland *Gili Trawangan* inmiddels plaatsgemaakt voor feestgedruis. Trawangan is de grootste van de drie eilanden, en staat bekend als party-eiland. Kom je voor je rust, sla dit eiland dan over en ga rechtstreeks naar Meno of Air. Reis je solo, dan is dit het eiland waar je medereizigers ontmoet en waar overal gezellige barretjes met livemuziek en goedkope slaapplekken te vinden zijn. Ondanks de drukte zijn wij nog steeds verliefd op Trawangan. Aan de noord- en oostkant is het er namelijk nog wel sereen zoals het er ooit was en heb je er onze favoriete strand-hang-outs. Deze kant noemen ze ook wel de '*sunset-side*' van het eiland, en hier ervaar je dus, zoals de naam al zegt, de meest magische zonsondergangen.

*Gili Meno* is de middelste van de drie en stiekem wel onze favoriet. De witte stranden zijn heerlijk om de hele dag te relaxen en je kunt er snorkelen met schildpadden. Van origine staat Meno bekend als 'honeymoon'-eiland, en het afgelegen stukje paradijs oogt inderdaad erg romantisch. Maar we raden dit eiland niet alleen aan voor de *lovebirds* onder jullie. Het eiland is voor iedereen die zin heeft in een paar zonovergoten dagen.

Gili Air

*De eilanden zijn zo klein dat je met de fiets overal komt.*

En dan hebben we nog *Gili Air*. De kleinste van de drie en superidyllisch. Je wandelt er in nog geen uurtje het eiland rond. Langs kleine stalletjes met leuke schelpensouvenirs, krakkemikkige barretjes waar reggaemuziek uit de speakers klinkt en vrolijke eilandbewoners.

Als je je Bali-vakantie wil verrijken, dan raden we een bezoekje aan deze eilanden echt aan. Waar je op de Nusa-eilanden nog alles met de scooter doet en veel op pad gaat, is het tempo op de Gili-eilanden veel langzamer en de sfeer relaxed. Je komt overal heel *easy-going* per voet en fiets. Bovendien zijn ze zeer geschikt voor gezinnen met (jonge) kinderen. Ons wordt vaak gevraagd: 'Hoelang moet ik hier verblijven'? Ga minimaal 2 of 3 nachten (want voor de heen- en terugreis moet je toch een dag rekenen) – en verleng naarmate je nog meer behoefte hebt aan ontspanning. We raden je aan om een verblijf op een van de drie eilanden te kiezen en van daaruit ook leuke (snorkel)tripjes te maken naar de andere eilanden. Die liggen namelijk zo dichtbij dat je er met een lokaal vissersbootje zo bent.

**HOE KOM JE ER?**

Het is zo'n vier uur met de *fastboat* vanaf Sanur. Je kunt ook vertrekken vanaf Padang Bai, gelegen aan de oostkust van Bali (zo'n anderhalf uur vanaf Seminyak met de auto). Dan is het nog ruim twee uur met de boot. Je boekt je tickets online of telefonisch bij diverse bootdiensten. Wij gaan regelmatig en hebben goede ervaringen met Gili Getaway en Eka Jaya.

Gili Trawangan

Gili Meno Air BnB

Gili Trawangan

Gili Air Sunset

# ETEN & DRINKEN

Casa Vintage Beach

## GILI TRAWANGAN

### CASA VINTAGE BEACH

Aan de 'sunset-side' van het eiland vind je strandtent, restaurant en bar Casa Vintage. Wij zijn verliefd op dit plekje en haar Caribische vibes. Er zijn overal leuke plekjes om te zitten of te liggen. Van hangmat of schommelstoel tot kleedjes op het zand. Je kunt er ook in hun nabijgelegen villa verblijven.
@casavintagebeach

### PEARL OF TRAWANGAN

Als we iets luxer willen eten, gaan we naar het architectonische bamboe bouwwerk Pearl. In dit resort kun je overigens ook verblijven, maar dat vinden wij persoonlijk wat te massaal.
@pearloftrawangan

### PITUQ WARUNG

Niet alleen serveren ze heerlijk vegan eten (aan vakantiegangers), ze zetten zich met hun stichting ook in voor lokale projecten en scholen. Na de aardbeving op Lombok hebben ze inzamelingen gedaan voor kleding en helpen ze de buurtbewoners met schoon drinkwater en kinderopvang.
@pituqco

### THE BANYAN TREE

Vegetarische hotspot, waar we al van watertanden als we eraan denken. Op de menukaart vind je namelijk ook de lekkerste raw (chocolade!) cake en vegan ijs. Must-have: de gado gado.
@thebanyantreegili

### LE PIRATE

Dit is niet alleen de leukste plek om te verblijven – in dit iconische resort met de wit-mintgroene huisjes kun je namelijk ook heerlijk eten – of een piña colada drinken in je hangmatje aan het zwembad of strand.
@lepiratebeachclub

### KAYU CAFE

Klein, gezellig café met uitgebreid menu, maar vooral favoriet dankzij de lekkere koffie en taartjes.
@kayucafegili

## GILI MENO

### KARMA BEACH

Naast het piepkleine haventje vind je Karma Beach Resort. Hier kun je aanschuiven voor een heerlijke lunch of een romantisch diner.
@karmabeachclubs

### MAHAMAYA

Onderdeel van het resort is het biologische restaurant, waar de kok opvallend creatief is. Dus zeker een pitstop waard voor de lunch.
@mahamayameno

## GILI AIR

### PACHAMAMA

Hier verzamelen de hippe eilandreizigers zich. Dit biologische, plantaardige café zit verstopt tussen de palmboomvelden en is een must-go voor foodies.
@pachamamagiliair

## GILI BLISS

Vrolijk, Instagrammable cafeetje met de lekkerste smoothiebowls en juices. Leuke pitstop tijdens je rondje eiland. @giliblisslove

## COFFEE & THYME

Recht tegenover de haven van Gili Air zit dit tropische café met tuin. En hij is bij ons favoriet, want ze hebben er goede (ijs-)koffie! En dan nemen we er natuurlijk wel een lekker homemade taartje bij. @coffeeandthyme

Gili Trawangan met Arnaud en Stephen

COLDDRINK

## GILI TRAWANGAN

### LE PIRATE BEACH CLUB 🌴 ☀ ♥ € €

Als je incheckt bij Le Pirate zul je gegarandeerd een geweldige tijd hebben. De opvallende wit-mintgroene hutjes zijn piepklein, maar je zult toch niet veel binnen zijn. Met een hangmat op je veranda, een wit zandstrand voor je deur, twee zwembaden, een beach bar en een terrein vol palmbomen waan je je hier echt in een tropisch paradijs.
@lepiratebeachclub

### CASA VINTAGE VILLA € €

Onze favoriete strand-hangout verhuurt ook een villa met drie slaapkamers. Het is modern en stijlvol ingericht, en met een paar stappen ben je op de leukste plek op het eiland.
@casavintageliving

### PINK COCO ☀ ♥ €

Dit hotel valt niet te missen. Het roze bouwwerk met hoog Instagram-gehalte aan het strand (overigens ook op Gili Air te vinden) heeft ruime, moderne kamers rondom het zwembad.
@pinkcoco_hotels

### KELAPA VILLA ♥ € €

Luxe huisjes met elk een eigen privézwembad, verbonden via een te schattig steegje vol bloemen aan de muren. Leuk detail: zij hebben de enige tennisbaan op het eiland. Wie heeft er zin in een potje onder de palmbomen?
@kelapavillas

### BROKEN COMPASS €

Gezellig hostel met hoog backpackersgehalte. Ontmoet medereizigers en dans tot in de late avond onder de palmbomen.
@brokencompassindo
📍 Jl. Ikan Hiu

### GILI TENDA €

Zoek je iets bijzonders? Ga dan glamperen op de Gili's. Je hoeft gelukkig niet met je wc-rol onder de arm de glamping over, want elke tent is voorzien van luxe badkamer.
@gilitenda

## GILI MENO

### AVIA VILLA RESORT 🌴 ☀ ♥ € €

Een plek waar we altijd graag weer terugkomen. Bij het witte zandstrand en helderblauwe water vind je dit tropische resortje met overal roze bloemen tegen de muur. De meeste villa's hebben een eigen zwembad, en er is een zwembad bij het restaurant. Ook leuk voor gezinnen met (jonge) kids.
@aviavillaresort

### SERI RESORT 🌴 ☀ ♥ €

De hele dag op je zonnebedje aan het strand of zwembad. Voor de 'deur' snorkelen met schildpadden. En 's avonds met je voeten in het zand aan de bbq met verse vis. Seri heeft schattige kleine bungalows op het strand.
**Tip:** neem een massage op het strand. Ultiem genieten!
@seriresort.gilimeno

# SLAPEN

Seri Resort

Le Pirate Beach Club

Villa Monti

Avia Villa Resort

Pink Coco

### THE CRUSOE HOUSE 🌴 ☀ ♥ € € €

Dit waanzinnig ingerichte huis (denk aan de film The Blue Lagoon) met zwembad en grote tuin, is geschikt voor acht personen en met stip het mooiste van alle eilanden. Je woont echt even op het eiland, inclusief tuinhekje naar het strand voor de deur.
@theislandhouses

### GILI BEACH HOUSE 🌴 ☀ ♥

Dit bijzondere plekje vonden we op Airbnb. Het huis staat op palen op het strand in zee. Hier heb je dus echt het meest waanzinnige vrije uitzicht. Bijzonder detail is de badkamer: door de glazen wand geniet je al douchend nog steeds van het uitzicht (geen zorgen, aan de andere kant is het spiegelglas). **Tip:** zet je wekker vroeg om vanuit je bed de zonsopgang te bekijken, een magisch spektakel dat je niet mag missen.
Airbnb: "Gili-Beach House"

## GILI AIR

### SLOW VILLAS € €

Een tropisch plekje onder de zon en een oase van rust. De drie Belgische eigenaren hebben hier het concept 'slow' tot in de details weten door te voeren. Je kunt er bijvoorbeeld ook terecht voor yoga- en detoxretraites.
@slowgiliair

### CAMILLA RESORT € €

Als je aankomt bij dit resort kun je alleen maar omhoog staren door de ontelbare hoge palmbomen. Met een korte wandeling of fietsroute ben je aan het strand. Kies voor de villa's met privézwembad of bungalows aan het strand. Het ontbijt wordt geserveerd in het bijbehorende restaurant aan het strand. En je hebt er de meest magische zonsondergangen.
@camillaresort

### VILLA MONTI AIR ♥ € €

We spotten dit unieke plekje op onze vorige reis naar Gili Air. Dit spierwitte, iglo-vormige huisje aan het strand biedt ruimte aan twee personen. Je kunt achter het huisje gebruikmaken van het zwembad van de eigenaar, een hippiekunstenaar die zelf achter het huisje woont (en waar overigens naar horen zeggen vroeger de wildste feestjes werden gegeven).
@villamonti

### CAPTAIN COCONUTS €

Dit gezellige bungalowparkje heeft alles ineen. Een eco-restaurant, zwembad, winkeltje waar je hebberig wordt van de leuke strandkleding en -accessoires en vooral: leuke mensen. De sfeer is er altijd goed!
@captaincoconutsgili

# ONTDEK

### SURFEN 🌴 ☀

Rondom alle drie de eilanden kun je surfen. Het rif is wel ondiep, dus surf met mid tot hoogtij. Op het strand zie je waar je surflessen kunt volgen. Voor de echte surfliefhebbers: steek met de boot over naar Lombok om te surfen bij Kuta Lombok.

### GILI MENO

### TURTLE SANCTUARY 🌴 ☀ ♥

De allermooiste herinneringen hadden we hier: het loslaten van babyschildpadjes in de oceaan! Je moet wel geluk hebben, want de eitjes komen eens in de zoveel tijd uit. Wanneer dat is, wordt aangekondigd via posters verspreid over het eiland. En anders kun je er altijd een bezoekje (en donatie) brengen.

### TURTLE POINT 🌴 ♥

Een bucketlistmust: snorkelen met schildpadden! Ga vroeg op pad om de drukte voor te zijn. Je boekt bij je verblijf of plaatselijke stalletjes een bootje om je naar de plek te brengen. Let op dat je de schildpadden en het rif niet aanraakt; probeer zo min mogelijk de natuur te verstoren.

De Turtle Sanctuary op Gili Meno

# OP AVONTUUR

## TROPISCHE TRIPS OF A LIFETIME

Nu je samen met ons onze favoriete plaatsen op Bali, de Nusa-eilanden en Gili-eilanden hebt ontdekt, zijn er nog een aantal andere bijzondere plekjes die we met je willen delen. Zo ervaar je bijvoorbeeld in het oosten en midden van het eiland nog het authentieke Bali. En zijn er nog een aantal eilanden op korte vliegafstand van Bali die zo waanzinnig mooi zijn dat we ze je niet willen onthouden.

Le Pirate Island, Flores

# OP *Avontuur*

### ROADTRIP NAAR DE OOSTKUST

Als je van avontuur houdt, dan maak je een roadtrip naar het oosten van Bali. Pak de scooter of huur een auto (met chauffeur) vanaf je verblijf in Canggu of Ubud richting Candidasa. Je rijdt door kleine dorpjes en bergen richting de oostkust van Karangasem. Onderweg stop je voor lokale Indonesische snacks, een verse durian (stinkt heel erg, maar deze vrucht moet je eens geproefd hebben!) en om fotootjes te maken van alle aapjes langs de weg. Slaap (en surf!) bij Komune Resort @komune (persoonlijke favoriet) of rijd direct door naar Candidasa. Hier verblijf je bij Pondok Pisang, ofwel Bananas House @bananashousebali, ons meest favoriete geheime plekje op Bali. Daar kun je echt tot rust komen in een van de bungalows aan het strand of in de tuin. Verwacht niks fancy's, maar een oase aan rust, met een klein privéstrandje, lieve mensen en de lekkerste *banana pancakes* als ontbijt. In de buurt kun je snorkelen bij Ahmed of relaxen op het strand van Pasir Putih of nog een stukje doorrijden naar het ongerepte Jasri Beach - waar je overigens ook een chocoladefabriek vindt.

### ROADTRIP NAAR DE WESTKUST

Als je de drukte even wilt vermijden, kun je een mooie trip maken door de rijstvelden vanaf Canggu naar Medewi en Balian in het noorden. Zwarte stranden, *mellow* surf en fijne yogaspots. Slapen doe je bij Pondok Pitaya & Balian Surf Villas met uitzicht op zee. Als je nog niet uitgetourd bent, kun je doorrijden naar Menjangan in het noordwesten van Bali. Dit is een prachtige plek om te snorkelen en te duiken en je komt er nog geen hordes toeristen tegen. Slapen doe je bij Menjangan Dynasta Resort.

**JATILUWIH**

Als je een natuurliefhebber bent en echt even weg wil van de drukte, dan duik je het berglandschap in het midden van Bali in. Daar aanschouw je de meest magische zonsondergangen en heb je panoramisch uitzicht over groene valleien en rijstterrassen. Er zijn tal van bijzondere huisjes te huur. Onze favoriete plek, onze *mountain escape*, is de D'Wan Tea Mountain Side villa. Neem wel even wat warms mee, want het is er een stuk kouder dan aan de kust.



**SLAPEN IN EEN BAMBOE HUIS IN DE JUNGLE**

Gelegen in de bergen van Karangasem vind je *Hide Out, Hide Out Bee Hive* en *Hide Out Lightroom* @hideoutbali. Een magisch avontuur, waarin je in je eigen bamboe huisje midden in de jungle slaapt. Je hoort niets anders dan het geluid van de krekels en het stromende riviertje voor de deur. De huisjes zijn overigens ontzettend fotogeniek en deze plek staat in de top 5 van de populairste AirBnB's ter wereld. Wees er met boeken dus snel bij.

Net als Hideout vind je op ongeveer een uur rijden vanaf Ubud het binnenland in Camaya @camayabali. Een van de meest fantastische ervaringen die we hebben gehad: een eigen bamboe droomhuis aan de rand van de rijstterrassen, met uitzicht op de berg Agung. En ook wel meest *geinstagrammed* op het moment, dankzij de fotogenieke hangmat.

INSIDER TIP //

**Madison Setiawan** Australisch, Balinese ondernemer opgegroeid in Bali. Eigenaresse van @pelotonsupershop.
*Anderhalf uur van het centrum af vind je Jatiluwih. Voor mij is dit het echte Bali. Waar de rivieren stromen door weelderige groene landschappen en je geniet van de stilte en een adembenemend uitzicht.*

Camaya

Nihi Sumba

Hide Out

De Mentawai-Eilanden

#### SCHOMMELEN OVER DE RIJSTVELDEN

Dit gaat over de hele wereld viral over Instagram en is wellicht een van dé redenen geweest dat je overtuigd bent om je ticket naar Bali te boeken. Leuk voor een foto, maar weet wel dat het 'behind the scenes' er anders aan toe gaat. Je staat in de rij met andere toeristen om vervolgens te betalen om even te schommelen. Ga je toch voor die ene shot? Als je 'Bali Swing' in Google Maps intypt of je taxichauffeur ermee instrueert, kom je er vanzelf. Wil je overigens een privé-swing, dan kan je de luxe hut-met-jungle-uitzicht van Zen Hideaway boeken (te vinden op AirBnB).



#### WATERVAL BEZOEKEN ♥

Bali telt tientallen watervallen, voor de ultieme eilandervaring een *must-do*. De meeste zijn inmiddels flink toeristisch, maar sommige nog idyllisch. We kunnen Git Git, Kanto Lampo en Leke Leke aanraden. Een kleine trekking door de jungle brengt je op deze magische plekken. Neem goede schoenen, zwemkleding en een sarong mee om je af te drogen als je besluit een duik te nemen in het koele water.

#### EILANDHOPPEN IN FLORES ☀

Dit is wat je noemt een 'trip of a lifetime'. Slechts een uur vliegen vanaf Bali ligt de eilandengroep Flores. Bekend om de ongerepte stranden, het Komodo National Park, de 'pink beach' en een rijke onderwaterwereld. Je boekt een meerdaagse boottocht om te islandhoppen met bijvoorbeeld Le Pirate Explorer @lepirateexplorer of @travass.life. Je komt eerst aan op het vasteland van La Buan Bajo, waarna je op de boot stapt. Hier slaap je bovenop in een simpele cabin met het meest waanzinnige uitzicht ooit. De crew neemt je mee naar de mooiste plekken op Flores en je eet met de andere reizigers (maximaal 10) lekker verse vis en lokale Indonesische maaltijden. Doe ook zeker een overnachting (of meer!) op Le Pirate Island @lepiratebeachclub (yes, die heeft de cover van ons boek gehaald!). Wees ruim op tijd met boeken, want ze zijn inmiddels erg populair. Zoek je juist iets om even op een eiland te chillen? Check dan het fantastische resort The Seraya @theseraya. Ook van hieruit kun je allerlei trips ondernemen en daarna weer vanaf je bungalow bij de zee de zonsondergang bekijken.

#### NIHI SUMBA 🌴 ☀ 〰

Voor wie een wat ruimer budget heeft of op zoek is naar de ultieme honeymoon-belevenis: zet Nihi Sumba @nihisumba absoluut op je wishlist. Dit resort (ooit benoemd tot nummer 1 van de wereld en regelmatig bezocht door grote celebrities) ligt op het prachtige, ongerepte eiland Sumba, op een uur vliegen vanaf Bali. Met 2,5 km wit zandstrand (zonder mensen!), de beste surfbreak ('Occy's Left') de mooiste natuur en rijke cultuur. De hele dag surfen, op 'spa safari', paardrijden op het strand, suppen over rivieren, hiken naar verborgen watervallen. Als je geluk hebt, zie je de schildpadeieren uitkomen en help je de babyschildpadjes naar zee. Met stip de mooiste tropische trip die we ooit hebben gemaakt.

### DE MENTAWAI-EILANDEN

Afgelegen in de Indische Oceaan vind je de paradijselijke eilanden van de Mentawais. Droombestemming voor iedere surfer, maar ook voor de liefhebbers van palmbomen, parelwitte zandstranden, kleurrijk koraal en helderblauw water. De Mentawai-eilanden liggen in West-Sumatra en het is best wel een tripje om er te komen. Je vliegt van Bali naar Padang en neemt dan de speedboot of ferry. Onze favoriete resorts om te surfen, relaxen, te snorkelen en lekker te eten zijn: Hollow Trees Resort @htsresort gelegen op Sipora (doe Teiki en Sina de groetjes) en Aloita Resort @aloita_resort op het eiland Simakakang. Hier vind je een surfspot die fantastisch is om te longboarden én geschikt is voor de kids. Verblijf er minimaal vier nachten.

### BAWAH

Ons hart maakt nog steeds een sprongetje als we aan Bawah Reserve @bawahreserve denken. Zes eilanden, drie lagunes en dertien parelwitte, lege stranden voor de kust van Singapore, maar nog steeds onderdeel van Indonesië. Een luxe, duurzaam privé-eiland, waar je voor altijd wilt blijven. Een toplocatie voor je huwelijksreis of als je iets heel speciaals hebt te vieren samen. Kids mogen helaas niet mee. Denk aan: luxe bungalow op of aan het water, heerlijk lunchen met uitzicht op de lagunes en omliggende eilandjes, privé-picknicks op een afgelegen strand, van eiland naar eiland met je houten kano peddelen, snorkelen in de drie lagunes en met een zeevliegtuig aankomen op het eiland. De Malediven zijn er niks bij.

INSIDER TIP //

**Lauren Camilleri** Balinees Australische ondernemer, eigenaresse van vegan cafés @kyndcommunity en @givecafe. *Er zijn priesters, tempels, retreats en nog veel meer tot je beschikking op Bali. Dus neem de tijd om de spirituele kant van Bali, en daarmee ook jezelf te ontdekken.*

Bawah

# MAAK JE EIGEN REISROUTE

Zo, nu je door alle 300 spots heen bent is het tijd om je route uit te stippelen. *"Wat is de ideale reisroute door Bali?"* is de meest gestelde vraag die we krijgen. Het antwoord hierop hangt natuurlijk helemaal af van jouw wensen. Wil je leren surfen? Dan zijn Canggu en Uluwatu voor jou een must. Wil je ontspannen en aan yoga doen? Verblijf dan langer in Ubud. Wil je op avontuur? Dan raden we je Nusa Penida en Flores aan.

In dit hoofdstuk hebben we drie concept-reisroutes voor twee weken voor je uitgestippeld: een reisroute voor de *surf & strand* liefhebber, voor als je naar Bali komt voor *natuur & cultuur* en als laatste voor de reizigers die vooral komen *relaxen & lekker eten*. De reisroutes zijn geschikt voor iedereen, of je nu solo reist of met je gezin. Ga je langer dan twee weken? Voeg dan dagen toe op je favoriete plekken. En we raden altijd aan om minimaal één eiland buiten Bali te bezoeken, om nog meer van het ultieme eilandleven te ervaren.

# SURF & *Strand*

## DAG 1 T/M 3 - CANGGU

DAG 1: aankomst op de luchthaven in Denpasar // pick-up door je chauffeur // inchecken // scooter regelen // nog even een sunset meepakken bij The Lawn of thuis eten bestellen via de Gojek app. DAG 2: Vroeg ontbijten (hallo jetlag!) bij Shady Shack // wennen aan de tropische temperatuur // het water in voor je eerste surfles of surfsessie // massage bij Spring Spa // zonsondergang bij La Brisa. DAG 3: koffie-to-go bij BGS // surfsessie bij Echo Beach // vegan nasi campur eten bij GIVE // relaxen op het strand // avondeten en drankjes bij Mason en de Backroom.

## DAG 4 T/M 7 - ULUWATU

DAG 4: vertrek naar Uluwatu met (lokale) taxi // inchecken // scooter regelen // cruisen naar Bingin Beach voor een relaxmiddagje // zonsondergang bij Single Fin. DAG 5: vroeg op om te surfen bij Uluwatu // acai bowl bij Nalu Bowls // rondcruisen door de Bukit, strandjes bezoeken // dineren tijdens zonsondergang bij Mana Uluwatu. DAG 6 & 7: de hele dag surfen! // massage bij Laniakea

## DAG 8 T/M 9 - NUSA LEMBONGAN, CENINGAN & PENIDA

DAG 8: vertrek naar Sanur voor de boot // scooter regelen // rondcruisen langs alle stranden op Lembongan & Ceningan // sunset surf Shipwrecks. DAG 9: snorkelen met mantaroggen bij Nusa Penida // ontbijt bij The Deck // lange surf- of supsessie // avondeten op het strand bij Ginger & Jamu

## DAG 10 T/M 12 - DE GILI-EILANDEN

DAG 10: vertrek naar de Gili's (eiland naar keuze) // inchecken // bijkomen en chillen of massage op het strand. DAG 11 & 12: snorkelen met zeeschildpadden // rondje eiland fietsen // eten en zonsondergang op het strand bij Casa Vintage

## DAG 13 T/M 14 - SEMINYAK

DAG 13: vertrek terug naar Bali // inchecken in Seminyak // souvenirs shoppen of chillen op het strand // zonsondergang en eten bij Potato Head. DAG 14: vroeg ontbijten bij KYND // lange surfsessie op Seminyak Beach // snelle lunch bij Warung Melati // inpakken en op naar huis!

# CULTUUR & Natuur

## DAG 1 T/M 2 - CANGGU

DAG 1: aankomst op de luchthaven in Denpasar // pick-up door je chauffeur // inchecken in je airbnb in Pererenan // acclimatiseren // lange strandwandeling maken tijdens zonsondergang. DAG 2: naar Canggu voor een uitgebreid ontbijt // op de fiets of scooter Pererenan en Seseh verkennen // lunchen bij Kinoa // massage bij Maria Curau // eten met Balinese dansvoorstelling bij Ulekan of Mades Warung

---

## DAG 3 T/M 6 - UBUD

DAG 3: vertrek naar Ubud met (lokale) taxi // inchecken // door Ubud wandelen, naar de Art Market voor souvenirs en lunchen bij KAFÉ // lokale spa instappen voor een voetmassage DAG 4: ochtend yogasessie bij de Yoga Barn // fietstocht langs de rijstvelden maken // middag relaxen bij het zwembad van Jungle Fish // uit eten bij Sage. DAG 5: Mount Batur beklimmen met zonsopgang // bijkomen en dutje doen // tempels en heilige waterbron bezoeken. DAG 6: Ochtend wandeling Campuhan Bridge of naar een waterval // een flowerbath nemen bij Karsa Spa // kookworkshop volgen

---

## DAG 7 T/M 9 - CANDIDASA & KARANGASEM

DAG 7: vertrek met (lokale) taxi langs de Oostkust naar Candidasa // overnachten bij Pondok Pisang // eten in een lokale warung. DAG 8: doorrijden naar je airbnb in Karangasem (Hide Out of Camaya) // nietsdoen en al het moois in je opnemen DAG 9: wakker worden in de jungle // flowerbath nemen en relaxen // vertrek naar Nusa Penida met de boot // inchecken // relaxen op het strand met een kokosnootje

---

## DAG 10 T/M 11 - NUSA PENIDA

DAG 10: eiland rondtouren op de brommer, naar Kelingking Beach, Angel's Billabong en hiken naar Atuh Beach DAG 11: snorkelen met mantaroggen of een duiktour nemen // relaxen op Crystal Bay

---

## DAG 12 T/M 14 - ULUWATU

DAG 12: vertrek met de boot terug naar Bali // inchecken in Uluwatu // bezoek aan Suluban Beach en de tempel van Uluwatu // zonsondergang met Balinese kecak dansvoorstelling // eten bij Mana DAG 13: rondtour bij stranden in het zuiden // massage bij Laniakea // tijdens zonsondergang op het strand van Bingin of Jimbaran verse vis (bbq) eten. DAG 14: inpakken // laatste dip in de oceaan // met de (lokale) taxi naar het vliegveld // op naar huis!

# RELAXEN & *Lekker eten*



## DAG 1 T/M 3 - ULUWATU

DAG 1: aankomst op de luchthaven in Denpasar // pick-up door je chauffeur // inchecken in je hotel of villa in Uluwatu // relaxen op het strand // zonsondergang drankjes bij Dugong. DAG 2: ontbijten bij Suka // zwemmen of surfles nemen op Bingin Beach // lunchen op het strand bij Swamis // massage bij Laniakea. DAG 3: ochtend yogasessie bij Morning Light Yoga // ontbijten bij Mana // relaxen op Suluban Beach // zonsondergang bij Single Fin

## DAG 4 T/M 6 - CANGGU

DAG 4: vertrek naar Canggu // inchecken // lunchen en relaxen bij The Lawn // uit eten bij The Slow of met Gojek app pizza van La Baracca thuisbestellen. DAG 5: tourdagje Ubud met privéchauffeur (ca. drie kwartier rijden) // wandeling door de Tegalalang rijstvelden // nasi campur eten en kookcursus doen bij Casa Luna of Moksa // avondeten bij Sage // weer terug naar Canggu. DAG 6: koffie-to-go bij BGS // ochtend yogasessie bij Samadi // brunchen bij Shady Shack // chillen bij La Brisa op Echo Beach tot zonsondergang // eten en drankjes bij Fishbone Local.

## DAG 7 T/M 9 - GILI-EILANDEN

DAG 7: vertrek naar Gili Meno // inchecken // bijkomen en chillen of massage op het strand. DAG 8: snorkelen met zeeschildpadden // hele dag nietsdoen, relax relax relax. // nasi goreng eten bij Avia Villas. DAG 9: rondje eiland fietsen // bezoekje aan de turtle sanctuary // verder relaxen en zwemmen.

## DAG 10 T/M 12 - NUSA LEMBONGAN & CENINGAN

DAG 10: vertrek met de boot naar Nusa Lembongan // inchecken // scooter regelen // zonsondergang drankjes bij The Deck met uitzicht op mount Agung. DAG 11: ochtend supsessie // rondtouren op de scooter langs alle stranden en Blue Lagoon // lunch pitstop bij Sandy Bay // zonsondergang bij The Sand. DAG 12: yogales volgen bij Serenity // hele dag relaxen op het strand

## DAG 13 & 14 - SEMINYAK

DAG 13: vertrek met de boot terug naar Bali // met chauffeur naar Seminyak // massage bij Ki of hairspa Rob Peetoom // zonsondergang en drankjes bij Potato Head // Indonesisch eten bij Mades Warung DAG 14: koffietje en ontbijt bij Kim Soo // laatste souvenirs shoppen of met taxi naar Karma Beach voor laatste relaxdagje op het strand // op naar huis!

# 25x Bali BUCKETLIST

De tourist-trap-vrije Bali bucketlist. Wat je gedaan en gezien moet hebben op Bali.

- ♡ Een Balinese massage, in een salon of thuis
- ♡ Een surfles nemen in Canggu
- ♡ Minimaal 1 eiland buiten Bali bezoeken
- ♡ Een yogales volgen met uitzicht op de zee bij Morninglight Yoga in Uluwatu
- ♡ Nasi campur eten bij Warung Melati in Seminyak (voor de vegans: vegan nasi campur bij Give Cafe in Canggu)
- ♡ Lokale, handgemaakte souvenirs shoppen op Jalan Double Six
- ♡ Een 'floating breakfast': ontbijten ín het zwembad
- ♡ Dansend de zonsondergang in gaan bij The Lawn of Potato Head Beach Club
- ♡ Brunchen in een hotel (Alila of W Hotel Seminyak of Mulia Nusa Dua)
- ♡ Een vegan kookcursus volgen in Ubud bij Moksa
- ♡ Een scootertocht naar Oost-Bali maken en overnachten bij Pondok Pisang in Candidasa
- ♡ Een schommelfoto over de vallei maken in Bongkasa Pertiwi
- ♡ De Gunung Batur beklimmen met zonsopgang
- ♡ Een waterval bezoeken.
- ♡ In de vroege ochtend een wandeling maken in de Tegalalang rijstvelden bij Ubud
- ♡ Een nachtje slapen in de jungle van Karangasem of Jatiluwih
- ♡ Zwemmen met de mantaroggen bij Nusa Penida
- ♡ Eilandhoppen in Flores en slapen op je privé-eiland of op de boot met Le Pirate
- ♡ Een Balinees flowerbath nemen
- ♡ De feestdagen Nyepi, Galungan en Kuningan meemaken
- ♡ Een vegan ijsje eten bij KYND Creamery
- ♡ Zwemmen in de zee bij Bingin beach
- ♡ Indonesische snacks zoals lemper en risolles proeven van PuriMas3
- ♡ Wandeling tijdens zonsondergang op het dichtstbijzijnde strand
- ♡ Avondje uit eten en Balinese dans kijken bij Mades Warung in Seminyak

Floating Breakfast' bij Tamarind Resort

# 8 X TIPS VAN BEVRIENDE *Bali-lovers*

Nu zijn wij natuurlijk niet de enigen die verliefd zijn geworden op dit magische eiland. Inmiddels zijn ook veel bekende Nederlanders en influencers regelmatig op Bali te vinden. We vroegen acht bevriende Bali-lovers naar hun liefde voor Bali en hun vijf beste tips om met jullie te delen.

**RACHEL & WILLEM VAN SAS** *Vloggers @dehuismuts en @daddyhox, ouders van Pip en Rosie*

Bali voelt als ons tweede thuis. Het klimaat, het eten, maar vooral de mensen zijn voor ons dé reden om steeds terug te blijven keren. In 2018 verbleven we er twee maanden met Pip, en we kunnen niet wachten om er nu ook met Rosie weer heen te gaan.

Tip 1: Met stip op nummer 1: driver Nyoman. Nyoman is de vrolijkste man van het eiland, altijd stipt op tijd en hij rijdt je het hele eiland over. Boek hem om je van het vliegveld af te halen. Hij staat klaar met een bordje met je naam erop. Want het is best wel overweldigend als het zweet al over je rug loopt van de warmte en je net achttien uur hebt gevlogen en dan het vliegveld afloopt en er honderden taxi's worden aangeboden… Je kan hem whatsappen op nummer: + 62 819 161 800 50

Tip 2: Vierhandenmassage bij Ubud Wana Resort. Als je van massages houdt moét je hier naartoe. Mijn ouders verbleven een nachtje in dit hotel dus per toeval ontdekte we hun vierhandenmassage en het was the best ever!

Tip 3: Coco Resort op Nusa Penida. Wij hebben ons hart op Nusa Penida verloren. Hoewel steeds meer toeristen hun weg naar dit eilandje vinden is het nog altijd puur, rauw en kun je door dorpjes rijden waar de tijd heeft stilgestaan. De natuur

is echt adembenemend mooi en naast de highlights die je natuurlijk gezien moet hebben vermaken wij ons vooral door gewoon simpelweg op de scooter rond te rijden. Coco Resort is een heerlijke plek om te verblijven met het liefste personeel.
Tip 4: Elektrische fietstour door Ubud! Een onwijs leuke manier om meer over Bali te weten te komen en mooie plekken te zien.
Tip 5: Eten bij The Slow in Canggu. Als rijst even je neus uitkomt en je geen tempé meer kan zien... ga dan naar The Slow! Het eten is hier superlekker. En het concept spreekt ons enorm aan omdat je niet één gerecht kiest, maar allemaal kleine gerechtjes om te delen.
**Een bonus tip!** Ga naar de Gypsy Market Bali bij La laguna. Een gezellige markt met leuke producten. Van kleren of sieraden tot interieur accessoires en food. Er is een Kids Circus Area en de hele dag wordt er livemuziek gemaakt. Ga tegen het einde van de middag en pik ook de sunset mee!

**NINA PIERSON** *Ondernemer, eigenaresse SLA, schrijfster van boek* Mama'en *en mama van Ella en Bodi @ilovesla*

Ik heb een hele bijzondere band met het eiland. In 2018 ben ik erheen gegaan met Ella en Job toen ik zwanger was van Bodi. We hadden een sabbatical van 4 maanden, waarin we alle rust en ruimte maakten om bij elkaar te zijn. En het was voor mij een geweldige manier om de helft van mijn zwangerschap door te brengen op Bali met mijn gezin en een groeiende baby in de buik.
Mijn tips gaan allemaal over Ubud, omdat wij daar de meeste tijd zijn geweest. Ik vond het de fijnste plek omdat er ook veel op spiritueel gebied te doen is. De stad is druk, maar je kan er ook de rust opzoeken. En Ubud is veel minder populair dan Canggu.
Tip 1: The Stone House. Met stip de allerfijnste plek waar ik ooit in mijn leven heb gelogeerd. Een klein, kindvriendelijk boetiekhotel met vier huisjes, dat met ongelooflijk veel liefde gerund wordt door een stel met een dochter en hun honden. Het eten is er waanzinnig. Er is dagelijks een ontbijt en op aanvraag kunnen ze er ook voor je koken. Ze hebben een prachtig zwembad. Het ligt ongeveer vijf minuten van het centrum, en toch in een rustige omgeving.
Tip 2: De soundhealing workshops bij The Pyramids of Chi, een prachtige meditatieplek in Ubud. Je komt binnen, gaat liggen op matten en een groep muzikanten gaat muziek maken. De trillingen hebben een helend en opschonend

effect. Zelf heb ik er een bijzondere ervaring mogen meemaken; na afloop van een sessie werd de naam van mijn dochter helder en kreeg ik een visioen over wat dit kindje mij ging leren in het leven.

Tip 3: Sayuri, een vegan raw food cafe. Het lekkerste raw food dat ik ooit heb gegeten. Ze weten alles op een ongelooflijk lekkere manier te maken, waaronder de 'Gravlax'; een broodje met papaya en dille. Ik was toen zwanger en dit was mijn dagelijkse craving. Het is ook een inspirerende plek, want je kunt hier naast een dagje relaxen ook allerlei foodworkshops volgen, van het brouwen van kombucha tot het maken van vegan taarten.

Tip 4: Een ander favoriet restaurant was Sage. Hier kun je voor zowel een lunch als avondeten heen en hebben ze de kunst van vegan koken echt begrepen. Ook als vleeseter heb je geen seconde het idee dat je iets mist. Ze hebben er bijvoorbeeld een superlekkere vegan hamburger, rendang en heerlijke taarten.

Tip 5: Mijn favoriete yogaplek is Radiant Alive. Ze hebben er verschillende lessen en workshops. Zo volgde ik er bijvoorbeeld een workshop over etherische oliën om meer in contact te komen met mijn vrouwelijke eigenschappen.

**VIVIAN HOORN & RIEN WELSINK** *Influencer en fotografe @vivianhoorn @byvivianhoorn en model en videograaf @rienwelsink.*

Onze liefde voor Bali is eigenlijk dat onze liefde daar begonnen is. Rien heeft mij in 2017 verkering gevraagd op de Gili-eilanden. En vorig jaar zijn we er weer een maand geweest.

Tip 1: Huur een scootertje of neem een private driver. Het verkeer kan chaotisch zijn, dus voor families zou ik een *private driver* aanraden.

Tip 2: Ga voor een romantische *get away* naar de Gili-eilanden. De boot ernaartoe kan wel heftig zijn, dus neem een spuugzakje mee, haha.

Tip 3: Voor een leuk verblijf in de stad raden wij The Colony Hotel aan. Lekker luxe en om de hoek van Kim Soo, ons favoriete café in Seminyak.

Tip 4: Vorig jaar deden we een shoot voor een klant bij Dream Sea Surf in Uluwatu (de aapjes kwamen ook even kijken haha) en La Joya in Balangan. Beide prachtige plekken om te verblijven.

Tip 5: De lekkerste warung vinden wij Give Cafe in Canggu. Fantastisch eten en het is allemaal vegan.

**BENTHE LIEM** *Mode influencer, reisliefhebber en puppy lover. @bentheliem*

In 2016 ben ik voor het eerst op Bali geweest. Dat was een van de mooiste maanden uit mijn leven. Bali voelde als een tweede thuis en dat gevoel is altijd zo gebleven. Ondertussen ben ik al zes keer geweest en elke keer ontdek ik weer nieuwe dingen waarvan ik ga houden. Ik zal altijd naar Bali terugkomen.

Tip 1: Huur een scooter! Ik begrijp dat mensen dit vaak spannend vinden gezien het verkeer. Maar de beste manier is om je daar gewoon tussen te mengen: *go with the flow*. Een scooter geeft je zo veel vrijheid en is ook nog een verkoelend in die tropische temperaturen. Wel een helm opzetten!

Tip 2: Eten op het strand vind ik heerlijk. De tentjes zien er misschien niet altijd hip en 'instaproof' uit maar och wat kan je daar lekker Balinees eten! Lekker op een bedje met een bordje nasi goreng en een ijskoud Bintang-biertje.

Tip 3: Ik ben megafan van alle koffietentjes op Bali. Lekkere koffie is niet moeilijk te vinden, en ik ben een kritische koffiedrinker. Mijn favo koffie is de Beetroot Latte van Coffee Cartel in Seminyak.

Tip 4: Als je de eerste ochtend na je vlucht wakker wordt in Bali, en je kijkt op de klok, dan schrik je. De jetlag... Het is dan zo'n uurtje of 4 's nachts en je hebt honger. Ga dan voor een *early morning walk* over het strand! En ontbijt daarna bij Crate Cafe want die gaan al op 6 uur open.

Tip 5: Blijf niet alleen op Bali, ontdek ook al het moois op de eilandjes eromheen. Zo ben ik bijvoorbeeld naar Nusa Lembongan geweest en vond het fantastisch! Ga dan naar The Last Stop. 's avonds kun je daar genieten van de zonsondergang en lekkere cocktails. Maar het allerleukste vind ik dat de eigenaar allemaal hondjes van de straat heeft gered en die wonen daar op het terrein. Als je geluk hebt, hebben ze puppies!

**STEPHANIE BROEK** *Modejournalist en content creator uit Amsterdam. @stephaniebroek*

Ik ben inmiddels drie keer geweest met mijn vriend. Het is als thuiskomen voor ons. Het meest recente was in oktober 2018.

Tip 1. Bekijk de zonsondergang vanaf een van de restaurants op een klif in Uluwatu. Hier kun je de laatste surfers golven zien pakken terwijl de lucht in alle tinten roze kleurt. Toen wij hier waren zagen we zelfs een aap van het uitzicht genieten.

Tip 2. Volg een yogales bij The Yoga Barn in Ubud. Een prachtige yogaschool met grote ramen die uitzicht geven op het regenwoud. Ik ben absoluut geen fervente yoga-ganger, maar op zo'n mooie spirituele plek als Ubud wilde ik het proberen. De geur van wierook brengt me nog steeds terug naar deze magische yoga-ervaring.

Tip 3. De Indonesische keuken is mijn favoriet en die kun je het beste proeven in lokale warungs. Geloof mij, voor een paar euro heb je hier de lekkerste maaltijd die je ooit in je leven zult eten. Ik ga meestal voor de nasi rames met sambal goreng tempeh, sayur lodeh en gado gado Ik zou alleen al voor het eten opnieuw naar Bali vliegen.

Tip 4. Neem een kookles zodat je de *nasi campur* na je reis zelf thuis kunt maken. Ik nam een vegetarische kookles iets buiten Ubud. De gids nam ons mee naar de lokale markt om verse ingrediënten te halen. Vervolgens liet hij zien hoe rijst op zijn velden wordt geoogst. En daarna mochten we zelf aan de slag.

Tip 5. Meer cliché dan dit wordt het niet, maar ontbijt met een smoothiebowl van Nalu Bowls. Mijn favoriet is de 'Uluwatu' die knalpaars is door het *dragon fruit*. Verslavend lekker.

**GINNY RANU RAMKISOEN** *All-round creative en ondernemer uit Amsterdam en beste vriendin van Priscilla. @ginnyranu*

Ik huilde tranen met melodramatische tuiten toen Priscilla vertelde dat ze er in 2009 met Evelien even tussenuit ging. Sindsdien ben ik haar twee keer komen opzoeken. Ik heb kunnen ervaren waarom het (ei)land haar nieuwe thuis is geworden. De prachtige rijstvelden. De hagelwitte en bijna zwarte stranden, soms heel druk en soms compleet verlaten. De natuur, architectuur, religieuze gebruiken en al het lekkere eten. En niet in de laatste plaats; het weer. Op Bali heb ik het gevoel dat ik écht op vakantie ben.

Tip 1: Bezoek Nusa Lembongan. Waar je op Bali denkt de mooiste stranden en de blauwste zee te zien, staat je op het eiland Lembongan nog een verrassing te wachten. Die bountystranden die je vroeger alleen in magazines zag... die vind je daar. Het ultieme landschap als je toe bent aan dat echte vakantiegevoel. Er is internet op het eiland, maar ik raad je aan je telefoon uit te zetten en te genieten van dit warme paradijs.

Tip 2: Nu je er toch bent... boten gaan maar een aantal keer per dag. Overnachten is een must op dit kleine, maar prachtige eiland. Tigerlillys is een heerlijk rustig,

centraal gelegen resort met prachtige huisjes en een helderblauw zwembad.
Tip 3. Wil je lekker lunchen in een prachtige baai? Ga dan met de scooter naar Sandy Bay. Let op: hiervoor moet je wel over een lange knalgele hangbrug naar het naastgelegen eilandje Nusa Ceningan. Eenmaal aangekomen loop je binnen in een betoverende locatie - mét zwembad, want het zeewater in de baai kan nogal onstuimig zijn - wit meubilair (waardoor je nog bruiner lijkt haha) en een heerlijke menukaart. Neem ook gerust een wijntje, want die zijn daar prima te doen.
Tip 4. Op Bali zelf raad ik aan om ook bij een lokale warung te eten. Check vooraf welke favoriet zijn bij Pris en Eve om een *Bali belly* te voorkomen. De heerlijke Indonesische gerechten worden vaak vers klaargemaakt en kosten doorgaans niet meer dan een paar euro.
Tip 5. Zin in überhealthy voedsel? Rij op je scooter naar Earth Café in Seminyak of Canggu en scoor de lekkerste gezonde snacks in de supermarkt of eet er een een bord vol organic en vegan lekkernijen.

**TEUN KOEMANS & ANNE VAN IJZENDOORN** *Reiskoppel Teun (model) en Anne (fotografe). @koningvhbos @annevyd*

Bali is voor ons thuiskomen door de mooie natuur, liefdevolle mensen en de prachtige cultuur. We komen er minstens twee keer per jaar.

Tip 1: Als wij naar Bali gaan overnachten we graag in Canggu. Vorig jaar kwamen we per toeval bij Villa Kano terecht dat net geopend was. We waren van plan om daar een paar nachten te blijven maar door de gastvrijheid van de eigenaar Filipe en gastvrouw Iluh zaten we er een paar weken later nog. Het is een van onze favoriete plekken.
Tip 2: Als we wakker worden gaan we lekker ontbijten en dat doen we eigenlijk altijd bij Crate Café waar ze de lekkerste smoothie bowl, coffee en shakes hebben. De eigenaresse Maree heeft echt een topconcept neergezet met kleurrijk eten en een geweldige sfeer.
Tip 3: In Canggu huren we een crossmotor of scooter op Jalan Nelayan en toeren we het eiland rond. We vinden altijd wel een mooi strand, een gezellig dorp, prachtige natuur en ontmoeten nieuwe mensen. Onze camera's gaan overal mee want er is altijd iets moois om vast te leggen. Wij vinden dit dé manier om te genieten van Bali en raden jou aan om dat ook te doen. Blijf niet hangen op één plek want Bali heeft zo veel meer te bieden.
Tip 4: Onze nummer 1 plek is ongetwijfeld The Slow, zo goed als ons tweede thuis

op Bali. Dit hotel en restaurant is *definitely* de go-to!
Tip 5. *Respect the locals.*

**LARISSA EN TARA VERBON** *Indo zussen en creative content creators onder de naam Endless Weekend. @larissaverbon @taraverbon @endlessweekendnl*

Januari is onze minst favoriete maand van het jaar: de feestdagen zijn net voorbij en het nieuwe jaar begint in Nederland altijd nat en koud én vooral heel erg grijs. Wij vonden dat het een veel beter idee was om het gloednieuwe jaar een stuk tropischer in te luiden en zijn daarom voor een maand naar Bali vertrokken!
Tip 1: Naast de bekende rijstvelden, is er nog meer groen om te ontdekken in Ubud! Neem een kijkje in de jungle als je bij Lazy River Jungle ronddobbert op een stevige band terwijl je omringd wordt door weelderige groen en kwetterende vogeltjes. Fun gegarandeerd!
Tip 2: De mooiste rijstvelden vind je in het binnenland van Bali, maar mocht je niet zo veel tijd hebben of niet in de gelegenheid zijn dan kun je er ook een aantal zien in Seminyak. Zowel Cafe Nook als Organic Cafe Umalas bieden namelijk gezellige zitjes, een uitgebreide kaart met veel lekkers én een uitzicht op prachtige groene rijstvelden. *Best of both worlds*!
Tip 3: Nusa Ceningan is het kleinste eiland van de drie Nusa's maar zeker niet minder leuk. Rijd hier een rondje op de scooter en stop daarna voor verkoeling bij The Island Ceningan. Deze beachclub heeft leuke zitplekken, schommels, hangmatten en zitzakken; allemaal met uitzicht op de zee. En het allerchillste zijn de schommels en hangmatten die zich in het heldere blauwe water bevinden, echt genieten!
Tip 4: Tijdens ons verblijf in Canggu zijn we meerdere keren bij Poke Poke beland voor een heerlijke smoothie bowl in de ochtend. Bij Poke Poke vonden we ze namelijk het lekkerst én waren ze ook het best geprijsd. Ook leuk dat de smoothie bowls in mooie kokosnoten worden geserveerd, perfect voor een foto!
Tip 5: Op Bali kun je ook fantastisch shoppen. Zo zijn er overal winkeltjes en kraampjes te vinden waar je prachtige souvenirs kunt vinden voor jezelf en anderen. Bij Love Anchor in Canggu vind je verschillende verkopers onder een dak, waardoor je gemakkelijk bij iedereen kunt rondkijken, zonder die brandende zon in je nek.

Le Pirate Island op Flores